AF549641

Annette Krauß – Thomas Schwaiger

Seelenspiegel Krippe

Die Osterrieder- und Jahreskrippe von St. Ursula
München-Schwabing

Anton H. Konrad Verlag

Alle Bibeltexte zu Beginn der Kapitel stammen aus: Lutherbibel, revidiert 2017, © 2016 Deutsche Bibelgesellschaft, Stuttgart. Wir danken für die freundliche Abdruck-Genehmigung.
Die kurzen Zitate von Bibelstellen in den Betrachtungen von Thomas Schwaiger stammen, so nicht anders angegeben, aus der Einheitsübersetzung der Heiligen Schrift, 2016, Katholische Bibelanstalt, Stuttgart

Wir danken von Herzen der Katholische Kirchenstiftung St. Ursula, München, dem Bezirksausschuss 4 (Schwabing-West) der Landeshauptstadt München, der Evangelisch-Lutherische Kirche in Bayern und dem Verband Bayerischer Krippenfreunde e. V. für Zuschüsse zu den Druckkosten.

Fotos: © Annette Krauß, München, www.annette-krauss.de

Autoren: Thomas Schwaiger, G. R., katholischer Pfarrer im Ruhestand, St. Ursula, München (Betrachtungen); Annette Krauß, freie Kulturjournalistin und evangelische, ehrenamtliche Krippenbauerin, München (Konzept des Buches, Nacherzählungen für Kinder, Hinweise zur Gestaltung der Szene, ausgewählte Betrachtungen); Gast-Autoren: Johanna Haberer, evangelische Theologin, Journalistin und Professorin für Christliche Publizistik am Fachbereich Theologie der Friedrich-Alexander-Universität Erlangen-Nürnberg (Betrachtung zu Dietrich Bonhoeffer); David W. Theil, Dekan, G.R., katholischer Pfarrer von St. Ursula und St. Sylvester, München (Grußwort und Betrachtung zu „Franziskus und der Sultan")

Gefördert vom

Bezirksausschuss 4
Schwabing-West
der Landeshauptstadt München

Die Deutsche Bibliothek verzeichnet diese Publikation in der Deutschen Nationalbibliografie; detaillierte bibliografische Daten sind im Internet über https://dnb.d-nb.de abrufbar.

Informationen über unser Verlagsprogramm: https://www.konrad-verlag.de

ISBN 978-3-87437-594-8

Inhalt

S.BARBARA

Vorwort

Als ich im Jahr 2005 Pfarrer von St. Ursula wurde, gab es viel zu entdecken. Unter anderem gab es in unserer Pfarrkirche auch eine Jahreskrippe – das ist eine bayerische „Spezialität": Jahreskrippen zeigen nicht nur die Geburt Christi an Weihnachten, sondern das ganze Jahr hindurch wechselnde Szenen aus dem Alten und Neuen Testament sowie zu Heiligenlegenden.

München ist mit über 30 Jahreskrippen in Kirchen der Stadt und des Umlandes gesegnet; sie werden von Ehrenamtlichen gepflegt. Allerdings: Unsere Jahreskrippe lag im Dornröschenschlaf, mindestens seit 1982, was mich, ehrlich gesagt, nicht sehr bekümmerte, weil ich mich vor allem an dem Äußeren, also an dem nicht besonders ästhetischen Krippenkasten, störte und hoffte, ihn bald entfernen zu können.

Im Märchen kommt der Prinz und küsst Dornröschen wach. In St. Ursula kam eine Fee und ließ sich bezaubern vom Schatz unserer Osterrieder-Krippe, und sie verzauberte immer mehr Menschen, Kinder und Erwachsene, mit Bildern unseres Glaubens und Lebens in immer gekonnteren Szenen, die sie für unsere Guckkasten-Krippe gestaltete.

Mit viel Fleiß, Leidenschaft, Akribie und auch ein wenig Hartnäckigkeit nahm Annette Krauß sich unserer Krippe an, zu der zwei Figurengruppen gehören: die Figuren unserer orientalischen Künstler-Krippe von Sebastian Osterrieder und die beweglichen Gliederfiguren eines unbekannten Schnitzers. Unsere Krippenbauerin initiierte ein Restaurierungsprogramm für die beschädigten Osterrieder-Figuren – dank der Unterstützung des Kunstreferats im Ordinariat und vieler „Krippen-Paten" in unserer Gemeinde konnten diese kostbaren Figuren von einer Restauratorin wieder in Stand gesetzt werden. Und sie holte aus ihren Schätzen Neues und Altes hervor, pflegte und bekleidete die Gliederfiguren, erweiterte den Figuren-Bestand, malte Landschafts-Hintergründe, fertigte die Krippen-Botanik – und sie gewann so immer mehr Mitstreiterinnen und Mitstreiter für unsere Jahreskrippe. Auch unser Ursulaner Urgestein Pfarrer Thomas Schwaiger konnte diesem Zauber nicht widerstehen.

Wenngleich mich der angesprochene Krippenkasten in seiner äußeren Erscheinung immer noch nicht erfreut, liegt mir das Innenleben der Krippe sehr am Herzen. Annette Krauß versteht es, mit diesem Medium unseren Glauben lebendig zu verkündigen. Es ist bis ins kleinste Detail spürbar, dass die gestellten Szenen unser Herz und unseren Verstand in Beziehung bringen wollen und uns so ein tieferes Verstehen, ein Erinnern im eigentlichen Sinne ermöglichen – im Inneren, in der Tiefe unserer Existenz sollen wir berührt werden.

Das ist auch das Ziel dieses Buches „Seelenspiegel Krippe"! Lassen Sie sich berühren und verzaubern von unserer wunderbaren Botschaft der Menschwerdung Gottes, die uns Christinnen und Christen für die Welt und für alle Menschen anvertraut ist.

Allen Freundinnen und Freunden unserer Krippe danke ich, besonders auch Pfarrer Thomas Schwaiger für seine tiefen Texte. Unser aller Dank gilt vor allem Annette Krauß für ihre Liebe *zu* und ihre Tatkraft *für* unsere Jahreskrippe in St. Ursula.

Dekan Erzbischöflicher Geistlicher Rat
David W. Theil

Leiter des Pfarrverbandes Altschwabing
Pfarrer von St. Ursula und St. Sylvester

Wir fassen keinen andern Gott als den,
der in jenem Menschen ist,
der vom Himmel kam.
Ich fange bei der Krippe an.

Martin Luther

Die Krippe in St. Ursula

Die Osterrieder-Krippe

Zu Weihnachten 1922 hat Sebastian Osterrieder selbst seine Krippenfiguren in St. Ursula aufgestellt. Am 31. März 1924 erteilte dann die Kirchenverwaltung die Genehmigung zum Ankauf von zwei Darstellungen (Geburt und Anbetung Christi) „um den Preis von 1600 Mark". Später erwarb man noch die Szene „Haus von Nazareth" mit dem Thema „Die heilige Familie bei der Arbeit" (siehe Abbildung Seite 9). Wenn diese Darstellung gezeigt wird, füge ich durch Finimenti viele Hinweise auf den Lebensweg Christi in die Szene ein. Osterieder setzte dem kleinen Jesusknaben, der die Säge in der Hand hält, eine Kippa auf. Dies ist ein kleines, aber wichtiges Detail, denn nach Osterrieders Tod 1932 wäre diese Darstellung nicht mehr möglich gewesen, wurden doch Juden unter dem NS-Regime zu unerwünschten Personen deklariert, verfolgt und ermordet.

Insgesamt besitzt St. Ursula 43 originale Osterrieder-Figuren, mit denen neun unterschiedliche Szenen gebaut werden können. Der 1864 in Abensberg geborene Künstler hatte an der Münchner Akademie studiert, betrieb in Schwabing sein Atelier und erhielt als Bildhauer Aufträge für Skulpturen im öffentlichen Raum. Seine eigentliche Liebe aber galt der Krippe. Er wird als Erneuerer der orientalischen Künstlerkrippe angesehen. Entscheidende Impulse erhielt er 1910 auf einer Reise ins Heilige Land und nach Ägypten. Dort studierte und skizzierte er nicht nur sein Lieblingstier, das Kamel beziehungsweise Dromedar, sondern auch die Völkervielfalt, die damals dort lebte – erkennbar an den ganz unterschiedlichen Kopfbedeckungen seiner Figuren. Er fertigte sie in einem speziellen Gussverfahren aus Gips, Champagnerkreide, Fisch-Leim und Wasser. Die anatomisch korrekten Körper sind im Inneren mit Draht verstärkt und wurden nach dem Trocknen mit Stoffen bekleidet, die mit Leimwasser gehärtet (kaschiert) und anschließend individuell bemalt wurden. Besonders lebensecht wirken jene Köpfe, denen Osterrieder Glasaugen eingesetzt hat.

Seine Figuren, zwischen 20 und 30 Zentimeter groß, sind nicht veränderbar und nicht beweglich. Fast alle haben eine ausgeprägte Schauseite und sprechende Gesten, die für die Aufstellung beachtet werden müssen. Die Körper haben einen inneren Schwerpunkt, der sich an ihrer Bewegtheit orientiert. Lange Nagel-Stifte an den Fußunterseiten sollen vorsichtig in den Untergrund gesenkt werden, damit die Figur sicher steht. Das Material erlaubte eine preisgünstige, halb-serielle Produktion von Figuren, die durch die Bemalung zu Unikaten werden. Sie sind sehr empfindlich und müssen mit aller Vorsicht behandelt werden. Jeder Eingriff in ihre Oberfläche würde sie zerstören, und jede Do-it-yourself-Bastelei würde den Figuren nachhaltig schaden, weil unterschiedliche Materialien chemisch gegeneinander arbeiten können. Die Figuren von St. Ursula haben den Zweiten Weltkrieg überlebt, waren aber nicht immer fachgerecht gelagert und wurden von den jeweiligen Mesnern an Weihnachten aufgestellt.

Als ich 2007 meine Arbeit als Krippenbauerin begann, waren viele Figuren dieser Osterrieder-Krippe in St. Ursula beschädigt. Ein Restaurierungsprogramm, großzügig unterstützt vom Kulturreferat des Erzbischöflichen Ordinariats München sowie durch „Krippen-Paten" aus der Gemeinde, ermöglichte eine vollständige Wiederherstellung aller Figuren durch die fachkundige Arbeit der Restauratorin Uta Ludwig in Unterwössen. Verloren gegangen ist in St. Ursula im Lauf von hundert Jahren der originale Verkündigungs-Engel – er wurde durch ein transparentes Folien-Foto zwischen Glasscheiben ersetzt. Ebenfalls verloren ging der Stall (oder die Geburtshöhle) des Künstlers. Seit 2012 wird die Geburt Christi in einer Höhle aus Wurzelholz gezeigt. Sie wurde geschaffen von

Johanna „Hansi" Wadkerti (1924-2012) und über die „Münchner Krippenfreunde e.V." nach St. Ursula vermittelt. Zum Bestand gehören Holzhäuser aus der Werkstatt Osterrieders - sie werden auch für Szenen der Jahreskrippe genutzt.
Umfassend informiert über den Künstler das Buch von Hermann Vogel: *Sebastian Osterrieder*, Lindenberg im Allgäu [2]2012.

Die Jahreskrippe

Für Szenen einer Jahreskrippe steht in St. Ursula eine zweite Figurengruppe zur Verfügung. Diese Figuren haben aus Holz geschnitzte Köpfe, Hände und Füße sowie Drahtgelenke, wodurch sie beweglich sind; der Schnitzer ist unbekannt, ebenso der Zeitpunkt ihrer Entstehung. Im Jahr 2007 umfasste diese Gruppe etwa Material für zwei Dutzend Körper - einige waren komplett montiert und bekleidet, andere in Einzelteile zerlegt. Leider gibt es im Pfarrarchiv kaum Unterlagen zu dieser Jahreskrippe.
Die Haare der Köpfe sind zum Teil geschnitzt, zum Teil aus Wachs geformt - möglicherweise eine Spur zu der Oberhortnerin Elisabeth Andeßner (1888–1976), die Krippenfiguren aus Wachs geschaffen hat. Von dieser Krippe sind bis 1974 ganz wenige Szenen in St. Ursula fotografisch überliefert. Ein weiteres Archivfoto von 1982 zeigt zwölf Jahreskrippen-Figuren in einer Pfingstszene. Als Mobiliar sind etliche Hocker und ein Tisch vorhanden, dazu ein Miniatur-Bett aus Holz, dessen gemustertes „Leintuch" mit einer Zeitung vom 7. April 1964 gepolstert wurde. Zusätzlich zu den Holzhäusern aus der Osterrieder-Werkstatt steht ein Innenraum aus Styrodur zur Verfügung, den der Mesner George Ghenim in den 1990er Jahren für die Weihnachtsszene gefertigt hat. Dieser Innenraum kommt vielfach variiert in der Krippe zum Einsatz - als Zimmer, Saal, Tempel, Innenhof, Palast oder Gefängnis.
Die Gruppe der Jahreskrippen-Figuren habe ich seit Februar 2007 beständig erweitert, sodass es jetz 43 Figuren sind (vor allem erweitert um Frauen und Mädchen sowie um drei Soldaten, geschnitzt von Alois Lorenz und gestiftet durch das Ehepaar von Lutz). Da die vorgefundenen Figuren mit orientalischen Gewändern bekleidet waren, habe ich diesen Stil beibehalten. Wichtige Lehrmeister waren mir hier Gerhild und Siegfried Schmeller. Sie betreuen die Jahreskrippe in Bad Tölz. Durch sie lernte ich Textilien schätzen, die alt und vielfach gewaschen sind und so dünn wie Herrenhemden oder Taschentücher. Je feiner das Gewebe, desto natürlicher ist die Wirkung, wenn man das Gewand an der Figur befeuchtet und zurechtzupft. Am orientalischen Stil der Figuren muss sich auch die Vegetation orientieren. Reisen nach Syrien und ins Heilige Land haben mich gelehrt, dass Staub, Steine, Gestrüpp und Dornen diese Landschaft prägen. Dornige Zweige, Lavendel-Büsche, getrocknete Baumflechten, wenig trockenes Moos, Steine jeglicher Größe, Baumrinde sowie Vogelsand sind so die wichtigsten Materialien für die Landschaften. Der Untergrund sind Styrodur-Platten, die ich mit Holzleim, etwas Gips, Sand und Pigmenten eingefärbt habe. In diesen Untergrund kann ich die Stifte der Osterrieder-Figuren vorsichtig einsenken und die Stecknadeln einstechen, mit denen ich die Holz-Füße der Figuren der Jahreskrippe durchbohre.
Die vorhandenen Teile einer Landschaftsmalerei (Künstler unbekannt) füllten nur einen kleinen Teil der Bühne. Ernst Hollenstein aus Jenbach in Tirol und die Krippenfreunde in Klüsserath an der Mosel haben mir das Rüstzeug gegeben, um Wüste, Stadt, Sandberge, Tageshimmel und Nachthimmel in matten Pigmentfarben für die Krippe zu malen. Große Unterstützung im technischen Bereich erfährt die Krippe durch den Elektroingenieur Thomas Prufer. Krippe ist auch ein Gesamt-Kunstwerk durch ein Netzwerk von Krippenfreunden.

Annette Krauß

Die Verkündigung an Maria

Die Ankündigung der Geburt Jesu

Und im sechsten Monat wurde der Engel Gabriel von Gott gesandt in eine Stadt in Galiläa, die heißt Nazareth, zu einer Jungfrau, die vertraut war einem Mann mit Namen Josef vom Hause David; und die Jungfrau hieß Maria.
Und der Engel kam zu ihr hinein und sprach: Sei gegrüßt, du Begnadete! Der Herr ist mit dir! Sie aber erschrak über die Rede und dachte: Welch ein Gruß ist das? Und der Engel sprach zu ihr: Fürchte dich nicht, Maria! Du hast Gnade bei Gott gefunden. Siehe, du wirst schwanger werden und einen Sohn gebären, dem sollst du den Namen Jesus geben. Der wird groß sein und Sohn des Höchsten genannt werden; und Gott der Herr wird ihm den Thron seines Vaters David geben, und er wird König sein über das Haus Jakob in Ewigkeit, und sein Reich wird kein Ende haben.
Da sprach Maria zu dem Engel: Wie soll das zugehen, da ich doch von keinem Manne weiß? Der Engel antwortete und sprach zu ihr: Der Heilige Geist wird über dich kommen, und die Kraft des Höchsten wird dich überschatten; darum wird auch das Heilige, das geboren wird, Gottes Sohn genannt werden. Und siehe, Elisabeth, deine Verwandte, ist auch schwanger mit einem Sohn, in ihrem Alter, und ist jetzt im sechsten Monat, sie, von der man sagt, dass sie unfruchtbar sei. Denn bei Gott ist kein Ding unmöglich. Maria aber sprach: Siehe, ich bin des Herrn Magd; mir geschehe, wie du gesagt hast. Und der Engel schied von ihr.

Lukas 1,26-38

Liebe Kinder

Die Geschichte, die in diesem Buch mit Worten und Bildern erzählt wird, geschah vor über zweitausend Jahren. Damals sandte Gott seinen Sohn Jesus auf die Erde. Jesus erzählte den Menschen von Gott, um Frieden auf die Erde zu bringen.
Es begann alles mit Maria, einer jungen Frau in dem kleinen Städtchen Nazareth. Sie war befreundet mit Josef, der war Zimmermann und war verwandt mit David, der vor langer, langer Zeit einmal König gewesen war.
Eines Tages schickte Gott seinen Engel Gabriel vom Himmel herunter zu Maria auf die Erde. Ganz plötzlich war er in ihrem Zimmer und sagte: „*Ich grüße dich! Gott segnet dich!*" Da erschrak Maria sehr, denn sie hatte noch nie einen Engel gesehen. Und so hatte noch nie jemand mit ihr gesprochen. Was sollte das wohl heißen?
Der Engel sah, dass Maria ängstlich war, und sagte zu ihr: „*Fürchte dich nicht! Du wirst einen Sohn bekommen, den sollst du Jesus nennen. Er wird groß werden und sogar König sein und sein Königreich wird nie enden.*"
Maria aber verstand noch nicht alles. Sie fragte den Engel: „*Wie soll das alles geschehen? Wer soll denn der Vater des Kindes sein?*" Da erklärte der Engel ganz geduldig der jungen Maria: „*Gottes Kraft und Segen wird bei dir sein, und der Vater des Kindes wird Gott selbst sein. Deshalb wird dein Kind auch Gottes Sohn genannt werden. Denn bei Gott ist nichts unmöglich.*"
Da war Maria einverstanden und glaubte dem Engel. Sie sagte zu dem Boten Gottes: „*Dann ist alles gut. Alles soll so geschehen, wie Gott es will!*"

> *Wie hieß der Engel, der Maria erschienen ist?*
> *Betrachtet die Szene: Woran erkennt ihr, dass der Besucher ein Engel ist?*

Sprache der Engel

„Welche Haltung hat eigentlich ein Engel? Das müssen Sie als Krippenbauerin doch wissen …"

Die Frage macht mich zuerst einmal ratlos. Körperhaltung ist eine Sprache. Ein Mensch, der Haltung zeigt, hat Rückgrat. Der duckt sich nicht, sondern steht aufrecht, mit beiden Füßen auf der Erde.
Engel dagegen sind in unserer Vorstellung unterwegs zwischen oben und unten, zwischen Himmel und Erde. Sie schweben, sie fliegen, sie stürzen herab. Ihre Füße berühren nicht den Boden. Deshalb brauchen Engel auch keine Schuhe. Eine flüchtige Erscheinung: kaum da und schon wieder weg.
Ich gebe zu: Ich habe noch keinen Engel gesehen. An manchen Weg-Kreuzungen meines Lebens aber hat eine Kraft meinem Streben Einhalt geboten, meine Schritte gelenkt und mir einen neuen Raum eröffnet.
Und diese Kraft hat mein Leben zurechtgerückt und mich ins Gleichgewicht gebracht.
Ich habe Halt gefunden, denn:
da hat mich jemand in den Blick genommen,
da hat mich ein Wort getroffen,
da war jemand zur Stelle,
im rechten Moment.
Und dann hat sich etwas entscheidend verändert: Ich konnte wieder aufrecht stehen!

Maria erlebt einen solchen Augenblick.
Sie wird angesprochen:
„Ich grüße Dich, Maria!
Gott ist an Deiner Seite.
Fürchte Dich nicht!"
Wir Menschen – und da nehme ich Maria nicht aus – fürchten uns oft vor dem, was kommt oder vor dem, von dem wir uns einbilden, dass es kommen könnte. Dann reden wir einander gut zu:
Mach Dir keine Sorgen! Nimm es nicht so schwer! Es wird schon gut gehen.
Der Engel gebraucht eine andere Sprache.
Er sagt: „Fürchte Dich nicht!"
Das ist die Rede der Engel, wann immer sie den Menschen begegnen.
Auf dem Hirtenfeld bei Bethlehem:
Fürchtet Euch nicht!
Zu den Frauen am leeren Grab:
Fürchtet Euch nicht! Es ist die Rede Gottes an sein Volk, wie es der Prophet Jesaja bezeugt:
Fürchte Dich nicht! Da spricht einer, der uns gut kennt …
In einer Situation, in der nach menschlichem Ermessen alles unverständlich und ungewiss ist – Jungfrau – schwanger – ohne Mann – erlebt Maria einen Augenblick lichtvoller Erkenntnis. Es wird ganz hell, weil Gott Großes vorhat. Und da verändert sich etwas entscheidend: In Maria wächst Gottvertrauen.

Genau das ist die Haltung des Engels:
Das, was getrennt ist, zu verbinden –
unten und oben,
die Erde und den Himmel,
den Menschen und Gott –
mit seiner Zusage: Gott ist auf Deiner Seite.

Fürchte Dich nicht!

Und die entscheidende Frage für uns ist:
Welche Haltung haben wir gegenüber dem Engel und seiner Botschaft?

Annette Krauß

Der Engel ohne Schatten

Der Engel, den Gott zu Maria schickt, ist wichtig. Durch ihn kommt sozusagen alles auf den rechten Weg.
Der Künstler Sebastian Osterrieder hat für seine Krippen einen Engel von vollendeter Eleganz geschaffen. Seine Beine haben die Haltung eines schwebenden Ballett-Tänzers, seine Gestik verbindet Himmel und Erde.
Was aber tun, wenn genau dieser Engel fehlt? Weil diese Figur im Laufe der Jahrzehnte in der Kirchenkrippe St. Ursula *„verloren"* ging? Dann muss man aus der Not eine Tugend machen und einen passenden Engel *„finden"*, oder besser gesagt *„erfinden"*.
Von einem Engel, wie er ursprünglich zu der Figurengruppe der Osterrieder-Krippe von St. Ursula gehörte, gibt es ein Foto. Dieses Foto wurde im Copy-Shop auf eine durchsichtige Folie gedruckt, der Engel wurde ausgeschnitten und dieser farbige *„Scherenschnitt"* zwischen zwei Glasplatten fixiert, die senkrecht in den Raum gestellt werden. Wird die Beleuchtung von außerhalb der Szene in den Innenraum hinein genau ausgerichtet, dann strahlen die Farben des transparenten Fotos auf, ohne dass ein Schatten des Scherenschnitts sichtbar wird. So entsteht ein Engel ohne Schatten.
Ein kleines Detail ist der gewebte Teppich auf dem Fußboden: Er zeigt ein Kreuz und verweist damit auf den Lebensweg von Jesus. Dieser gewebte Stoff ist ein *„Manipel"*, ein liturgisches Gewandstück, das vor der Liturgie-Reform vom Priester getragen wurde; es wurde auf einem Trödelmarkt gekauft. An der Wand hängt ein kleiner Spiegel. Je nach Standpunkt beim

Betrachten der Szene sehen wir das aufgeschlagene Buch oder Maria oder unser eigenes Gesicht im Spiegel. Wie würden wir entscheiden an Stelle von Maria?

Der Traum des Josef

Josef träumt

Die Geburt Jesu Christi geschah aber so: Als Maria, seine Mutter, dem Josef vertraut war, fand es sich, ehe sie zusammenkamen, dass sie schwanger war von dem Heiligen Geist. Josef aber, ihr Mann, der fromm und gerecht war und sie nicht in Schande bringen wollte, gedachte, sie heimlich zu verlassen.
Als er noch so dachte, siehe, da erschien ihm ein Engel des Herrn im Traum und sprach: Josef, du Sohn Davids, fürchte dich nicht, Maria, deine Frau, zu dir zu nehmen; denn was sie empfangen hat, das ist von dem Heiligen Geist. Und sie wird einen Sohn gebären, dem sollst du den Namen Jesus geben, denn er wird sein Volk retten von ihren Sünden.
Das ist aber alles geschehen, auf dass erfüllt würde, was der Herr durch den Propheten gesagt hat, der da spricht (Jesaja 7,14): „Siehe, eine Jungfrau wird schwanger sein und einen Sohn gebären, und sie werden ihm den Namen Immanuel geben", das heißt übersetzt: Gott mit uns.
Als nun Josef vom Schlaf erwachte, tat er, wie ihm der Engel des Herrn befohlen hatte, und nahm seine Frau zu sich. Und er erkannte sie nicht, bis sie einen Sohn gebar; und er gab ihm den Namen Jesus.

Matthäus 1,18-25

Liebe Kinder

Der Zimmermann Josef in dem Städtchen Nazareth mochte Maria sehr gern. Doch er machte sich große Sorgen. Er war ein frommer Mann und wollte, dass alles seine Ordnung hat. Und nun war Maria schwanger und erwartete ein Kind! Wie sollte das alles weiter gehen? Ob er sie verlassen sollte? Er wusste es nicht.
In dieser Nacht hatte er einen Traum. Es erschien ihm ein Engel, der sagte zu ihm: *„Josef, fürchte dich nicht! Gottes Kraft und Segen ist bei Maria, und sie wird einen Sohn bekommen, den sollst du Jesus nennen. Es ist ein ganz besonderes Kind, denn es wird die Welt heil machen. Es wird alles gut werden, so wie es der Prophet Jesaja vorausgesagt hat: Dieses Kind wird uns zeigen, dass Gott mit uns ist."*
In diesem Moment wachte Josef auf. Er konnte den Engel nichts mehr fragen. Aber er machte genau das, was der Engel ihm gesagt hatte: Er nahm Maria zu sich. Und dann bekam Maria einen Sohn. Dem gab Josef den Namen Jesus.

> *Betrachtet die Szene: Ist das eine Werkstatt, ein Schlafzimmer oder ein Stall? Was liegt und steht alles dort herum?*
> *Kannst du auch einen schönen Traum erzählen?*

Gottes Traum

„Träumst du wieder?"
„Ja!" sagte Gott und er schickte einen Engel zur Erde.

Als Gott die Welt schuf, hat er von einer Welt geträumt, die sein Antlitz trägt. Und Gott gab uns die Welt und seine Träume. Und immer wieder gab und gibt es Menschen, in denen Gottes Traum
Gestalt gewinnt.

Josef ist einer von ihnen.
Er träumt den Traum
von Befreiung und Freiheit,
tief eingeschrieben in sein innerstes Leben:
Gott mit uns – Immanuel.

Gottes Traum von seinem Land ist eingewebt in unsere Wirklichkeit,
die wir ahnen, bevor sie da ist.
Gott mit uns:
das ist Traum gegen alles,
was wir Sünde nennen.

Wenn es uns gelingt, genau dieses wahr zu nehmen, dass Gottes großer Plan der Zukunft der Welt – ein Friedensplan – schon da ist, persönlich findbar, wenn wir auf die Suche gehen, dann werden wir die Stimme des Rufers verstehen:

„In der Wüste bahnt den Weg des Herrn, ebnet in der Steppe eine Straße für unseren Gott!" (Jesaja 40,3)
Umkehren zum Leben wird der können, dessen Traum in eine Richtung weist.
Ohne Richtung, ohne Ziel sind wir verloren.

Vielleicht tun wir uns mit den Begriffen
Umkehr – Moral – Sittlichkeit
deswegen so schwer,
weil wir unseren Werten den Traum gestohlen haben.

Als Gott die Welt schuf, hat er von einer Welt geträumt, die sein Antlitz trägt. Und Gott gab uns die Welt und seine Träume.
WIR sind es, in denen Gottes Traum Gestalt gewinnen kann.
Der Traum gibt Richtung.
Gehen müssen wir mit je eigenem Schritt durch die Welt.
Wir müssen unseren Träumen die Wirklichkeit geben.
Ganz konkret, wo wir leben.
Wir müssen uns entscheiden – jeden Tag – und wirken.
„Nur wer sich entscheidet, existiert", sagt Martin Luther.

Aber wir sind genährt auf unserem Weg
mit Gottes traumhafter Verheißung:
„ER mit uns". Gott führt heim. (Baruch 5,9)

„Wenn der Herr die Gefangenen Zions erlösen wird, so werden wir sein wie die Träumenden." (Psalm 126,1; nach Martin Luther)

Und wir erzählen uns die Träume.
Das ist viel.

Thomas Schwaiger

Dämmerung und Licht

Die Figuren in die Krippe zu stellen ist eine Sache. Eine fast noch wichtigere Aufgabe ist die Beleuchtung. Erst das Licht erweckt die Szene zum Leben. Was Ton und Musik in einem Film erreichen, das schafft das Licht in einer Krippenszene. Licht und Schatten stellen Spannung her. Ohne Lichtregie bleiben dagegen die aufgestellten Figuren stumm.

Diese Szene ist die Fortsetzung der Verkündigungs-Szene mit anderen Mitteln. Josef hat sich gerade vom Nachtlager erhoben. Er ist noch halb im Traum gefangen, halb schon in der Wirklichkeit und scheint sich zu fragen: „Was habe ich da gerade geträumt? Was hat der Engel gesagt?"

In der Werkstatt des Zimmermanns liegt noch die Arbeit vom Vortag. Das Bett ist aufgeschlagen, der Esel steht stumm und still. Es herrscht ein dämmriges Licht, Morgengrauen zwischen Nacht und Tag. Nur der Engel leuchtet in seiner ganzen Klarheit und ohne Schattenbild. Seine Worte wollen auch Josef Klarheit bringen.

Moderne LED-Spots haben Kaltlicht, das durch Beleuchterfolie aus der Theatertechnik beliebig eingefärbt werden kann. Diese Folien bieten eine große Farb-Vielfalt von hellem Graublau bis zu dunklem Violett-Blau, und eine solche Raumbeleuchtung wirkt natürlicher als die gebrauchsfertig gekauften, intensiven blauen LED-Birnen. Ein kleiner weißer Lichtschimmer hebt den nachdenklichen Josef hervor.

Bei einer solchen Szene muss keineswegs jeder Winkel der Werkstatt erhellt sein – auch wenn dann die Hobby-Fotografen klagen. Ein Foto-Stativ ist zum Fotografieren von Krippenszenen immer nützlich. Und nur bei einem ausgeschalteten Blitz bleibt genau die Lichtstimmung erhalten, die beim Aufbauen der Szene mühsam erarbeitet wurde. Wer will schon gerne, gerade vom Schlaf erwacht, von einem hellen Foto-Blitz erschreckt werden?

Jesu Geburt

Die Anbetung der Hirten

Es begab sich aber zu der Zeit, dass ein Gebot von dem Kaiser Augustus ausging, dass alle Welt geschätzt würde. Und diese Schätzung war die allererste und geschah zur Zeit, da Quirinius Statthalter in Syrien war. Und jedermann ging, dass er sich schätzen ließe, ein jeglicher in seine Stadt. Da machte sich auf auch Josef aus Galiläa, aus der Stadt Nazareth, in das judäische Land zur Stadt Davids, die da heißt Bethlehem, darum dass er von dem Hause und Geschlechte Davids war, auf dass er sich schätzen ließe mit Maria, seinem vertrauten Weibe; die war schwanger. Und als sie daselbst waren, kam die Zeit, dass sie gebären sollte. Und sie gebar ihren ersten Sohn und wickelte ihn in Windeln und legte ihn in eine Krippe; denn sie hatten sonst keinen Raum in der Herberge. Und es waren Hirten in derselben Gegend auf dem Felde bei den Hürden, die hüteten des Nachts ihre Herde. Und des Herrn Engel trat zu ihnen, und die Klarheit des Herrn leuchtete um sie; und sie fürchteten sich sehr. Und der Engel sprach zu ihnen: Fürchtet euch nicht! Siehe, ich verkündige euch große Freude, die allem Volk widerfahren wird; denn euch ist heute der Heiland geboren, welcher ist Christus, der Herr, in der Stadt Davids. Und das habt zum Zeichen: Ihr werdet finden das Kind in Windeln gewickelt und in einer Krippe liegen. Und alsbald war da bei dem Engel die Menge der himmlischen Heerscharen, die lobten Gott und sprachen: Ehre sei Gott in der Höhe und Friede auf Erden bei den Menschen seines Wohlgefallens.
Und da die Engel von ihnen gen Himmel fuhren, sprachen die Hirten untereinander: Lasst uns nun gehen gen Bethlehem und die Geschichte sehen, die da geschehen ist, die uns der Herr kundgetan hat. Und sie kamen eilend und fanden beide, Maria und Josef, dazu das Kind in der Krippe liegen. Da sie es aber gesehen hatten, breiteten sie das Wort aus, welches zu ihnen von diesem Kinde gesagt war. Und alle, vor die es kam, wunderten sich über die Rede, die ihnen die Hirten gesagt hatten. Maria aber behielt alle diese Worte und bewegte sie in ihrem Herzen.

Lukas 2,1-19

Liebe Kinder

Im Heiligen Land herrschte damals der römische Kaiser Augustus. Der wollte alle Menschen in seinem Reich zählen lassen. Deshalb musste jeder in die Stadt seiner Vorfahren gehen und seinen Namen aufschreiben lassen. Josef wanderte mit Maria von Nazareth nach Bethlehem. In dieser Stadt hatte früher König David gelebt – und mit dem war Josef verwandt. Der Weg war mühsam für Maria, denn sie war schwanger. Sie erwartete ein Kind – so wie es der Engel vorausgesagt hatte. Viele Menschen waren nach Bethlehem gekommen. Maria und Josef fanden keinen Platz in der Herberge. Da gingen die beiden in eine Höhle vor der Stadt. In diesem Stall machten sie sich ein Lager aus Heu und Stroh. Mitten in der Nacht kam Jesus zur Welt. Seine Mutter Maria wickelte ihn in Windeln und legte ihn in die Futterkrippe von Ochs und Esel.
Ganz in der Nähe hüteten Hirten ihre Schafe. Die sahen plötzlich ein helles Licht am Nachthimmel, und ein Engel sprach zu ihnen: *„Fürchtet euch nicht! Heute ist ein großer Freudentag, denn heute ist Christus geboren worden, der die Welt heil machen wird.“* Der ganze Himmel war voller Engel, die haben gesungen: *„Ehre sei Gott in der Höhe und Frieden auf Erden bei den Menschen!“* Da liefen die Hirten los und fanden tatsächlich das Kind in der Futterkrippe und dazu Maria und Josef. Ihre Herzen waren voller Freude über das Kind.

> *Betrachtet die Szene: Wie sind die Hirten gekleidet? Was tun sie vor der Krippe?*

Glaubensart der Männer

Die Krippe, das Kind,
und Maria, die Mutter.
Daneben Josef – nicht Vater – aber:
dabei – ganz nah –
hineingestellt in weihnachtliche Dynamik.
Und wie es so ist, wenn sich Menschen hineingestellt erleben in „fremdes" Geschehen: In der Krippe unserer Kirche fasst sich Josef – so scheint es zumindest mir – fassungslos an den Kopf.

Erlauben Sie mir, dass ich heute einen Blick werfe auf den im Weihnachtsgeschehen oft Übersehenen.

Auch für Josef ist Weihnachten.
Auch Josef erfährt Menschwerdung Gottes.
Er ist dabei.
Und zugleich – das ist sein Teil – steht er dem Fremden gegenüber.

Was geht es ihn an – dieses Kind?
Und was geht er uns an, dieser Zimmermann aus Nazareth?

Ich möchte Josef an meine Seite nehmen.
Er mag uns ein paar Schritte mitnehmen.
Auch unter uns sind welche, die erfahren Weihnachten bisweilen aus Distanz, spüren wohl das Große – das aber zugleich das

Fremde ist, das Geschehen neben mir.
Menschwerdung - neben mir - fremdartig,
sich entziehend …
Der Jubel der Engel macht es nicht leichter …

Wir schauen bisweilen hin - mit Josef - auf
das Kind und erkennen es als fremd und
vertraut zugleich, wie wir bisweilen Leben
als eigenes und zugleich als fremd erleben.

So stehen wir da,
wie Josef an der Krippe:
dem Größtmöglichen anheim gegeben
und zugleich in Distanz gestellt.

Vielleicht ist das Glaubensart der Männer.
Sicher aber nicht nur.
Das gibt es: Gotteserfahrung - aus Distanz.

Ich mag ihn schon: den Mann, der sich an
die Stirn fasst, den Glaubenden, der in Dis-
tanz seine Freiheit wahrt, der nicht lückenlos
einzuordnen ist.
Ich mag ihn sehr, diesen Josef,
von dem die Bibel so wenig weiß,
außer dass er im Traum zweimal erfährt,
dass er doch bleiben solle.

Und so ist er geblieben und er steht da an
der Krippe - mit der Hand am Kopf und
denkt nach …

Thomas Schwaiger

Gedränge vor der Krippe

Die Weihnachts-Szene ist für viele Menschen „die" Krippe im eigentlichen Sinn. Und in kaum einer anderen Szene müssen so viele Figuren ihren Platz finden wie in der Darstellung der Heiligen Nacht. Ein dichtes Gedränge von Menschen und Tieren vor der Futterkrippe mit dem Kind prägt diese Szene - ob in einer privaten Krippe zu Hause oder in einer Kirchenkrippe. Entsprechend viele kleine Lampen müssen versteckt montiert und so ausgerichtet werden, dass die Gesichter der Figuren aufstrahlen, je mehr sie sich dem Kind nähern. Bewährt haben sich für diese spezielle Beleuchtung in Krippenvitrinen jene Klemm-Lampen mit dem schwedischen Namen „Jansjö". Die kleinen Spots, die sich durch eine Ummantelung mit Alufolie eng fokussieren lassen, sorgen dafür, dass es trotz der erhellten Gesichter Nacht bleibt in der Szene!
Die Hirten, arme Nomaden von den Feldern draußen, eilen zur Krippe. Zwischen den Figuren stehen Körbe und Schalen mit Gaben: winzige Muscheln, Fische und Früchte. Vor einem knienden Hirten, der in seiner Armut nur eine Decke über die Schulter geworfen hat, liegt auf einem Lammfell eine Flöte. Warum sollte ein alter Nomade nicht eine Melodie aus einsamen Nächten mitbringen, die er für das Kind spielen wird?

In dieser Überfülle wird der Betrachter, wenn er sich Zeit lässt, zum Schauenden. Der Blick wandert hierhin und dorthin. Er fokussiert einen Sternengucker in der Ferne oder die glänzenden Augen eines Hirten ganz vorne. Die große Unübersichtlichkeit will aufgelöst werden in Details.
Und so gehen wir mit den Augen in dieser Szene spazieren, bewegen uns zwischen den Figuren, als würden wir uns selbst unter die Menschen mengen, die zur Krippe eilen. Der jüdisch-evangelische Krippenforscher Rudolf Berliner beschreibt gerade diese Bewegung des Blickes als das Geheimnis einer guten Darstellung: „Je öfter das Auge zu erneuter Akkommodation angereizt wird, je mehr es sich bemühen muss, des räumlichen Auseinanderseins der Einzelheiten Herr zu werden, desto stärker wird der Eindruck sein, vor einem Ausschnitte der Wirklichkeit zu stehen." (Rudolf Berliner: *Die Weihnachtskrippe*, München 1955, S. 13).
Eine Besonderheit ist das Lamm mit gebundenen Läufen direkt vor der Krippe. Es ist mehr als eine Gabe, denn es verweist auf den Opfertod Jesu Christi, der durch seinen Tod am Kreuz selbst zum Opferlamm wird. Krippe und Kreuz gehören zusammen, denn erst durch Tod und Auferstehung wird aus Jesus der Christus, der Heiland der Welt.

Die Rast der Könige

Die Weisen aus dem Morgenland (1)

Da Jesus geboren war zu Bethlehem in Judäa zur Zeit des Königs Herodes, siehe, da kamen Weise aus dem Morgenland nach Jerusalem und sprachen: Wo ist der neugeborene König der Juden? Wir haben seinen Stern aufgehen sehen und sind gekommen, ihn anzubeten.
Als das der König Herodes hörte, erschrak er und mit ihm ganz Jerusalem, und er ließ zusammenkommen alle Hohenpriester und Schriftgelehrten des Volkes und erforschte von ihnen, wo der Christus geboren werden sollte. Und sie sagten ihm: In Bethlehem in Judäa; denn so steht geschrieben durch den Propheten (Micha 5,1):

„Und du, Bethlehem im Lande Juda, bist mitnichten die kleinste unter den Fürsten Judas; denn aus dir wird kommen der Fürst, der mein Volk Israel weiden soll."

Da rief Herodes die Weisen heimlich zu sich und erkundete genau von ihnen, wann der Stern erschienen wäre, und schickte sie nach Bethlehem und sprach: Zieht hin und forscht fleißig nach dem Kindlein; und wenn ihr's findet, so sagt mir's wieder, dass auch ich komme und es anbete. Als sie nun den König gehört hatten, zogen sie hin. Und siehe, der Stern, den sie hatten aufgehen sehen, ging vor ihnen her …

Matthäus 2,1-9a

Liebe Kinder

In der Zeit, als Jesus in Bethlehem zur Welt kam, beobachteten in fernen Ländern drei kluge und weise Männer den Himmel. Sie entdeckten einen großen, neuen, hellen Stern. Da sagten die drei Männer, die viele Bücher gelesen hatten, zueinander: *„Da ist ein Kind auf die Welt gekommen! Und weil der Stern so hell ist, muss es wohl ein Königskind sein! Wir wollen uns auf den Weg machen, dieses Kind suchen und ihm Geschenke bringen."*
Und so zogen sie von fernen Ländern ganz im Osten, wo die Sonne aufgeht, immer weiter nach Westen. Sie folgten dem hellen Stern - jede Nacht zeigte er ihnen den Weg. Sie kamen durch viele Länder, über Berge und durch Wüsten, bis sie am Stadttor von Jerusalem ankamen. Dort machten sie Rast und fragten die Menschen auf der Straße: *„Wo ist der neugeborene König? Wir haben seinen Stern gesehen!"* Aber niemand wusste eine Antwort.
Schließlich fragten sie im Palast des alten Königs Herodes nach dem Königskind. Da bekam der alte König Angst. Wollte ein neuer König ihn vom Thron stürzen? Sogleich ließ König Herodes fromme Männer in seinen Palast kommen und fragte: *„Sagt mir, wo soll der neue König geboren werden?"* Die Männer antworteten ihm: *„In Bethlehem, so schrieb es vor langer Zeit der Prophet Micha in seinem Buch."*
Heimlich rief König Herodes darauf die drei weisen Männer aus dem Osten zu sich und schickte sie nach Bethlehem. Listig sagte er zu ihnen: *„Sucht nur eifrig nach dem Kind, und wenn ihr es gefunden habt, dann sagt es mir, denn ich will es auch verehren!"* Die drei weisen Männer bestiegen also wieder ihre Kamele, und der Stern am Himmel zog leuchtend vor ihnen her Richtung Bethlehem …

> *Betrachtet die Szene: Wie reisen die drei Männer aus dem fernen Osten nach Jerusalem - mit dem Auto? Mit dem Flugzeug? Oder …? Was tut die Frau vor dem Stadttor? Welcher Reiter entdeckt wieder den hellen Stern?*

Gott ist schon da

Wir inszenieren gerne:
Wir setzen in Szene – am liebsten uns selbst. Wir gebrauchen Wirklichkeit, um uns zu beleuchten. Wir inszenieren Lebenslandschaften und setzen uns in ihre Mitte. Und dann sind wir enttäuscht, wenn alles oder manches dann doch anders wird, als wir uns erträumen.

Wir inszenieren gerne – in den Tagen rund um Weihnachten:
da sind die ganz persönlichen Rituale des Heiligen Abends, die Rituale der Besuche, und die Rituale des Schenkens, das vielfältige liturgische Geschehen (auch mit seiner Musik und den bekannten Liedern).

Und wir setzen in Szene – in unserem „Schau-Kasten" – die Geschichte der Heiligen Nacht: die Krippe mit dem Neugeborenen und den Menschen, die dazu gehören, hineingestellt in das zeitgebundene Zueinander der Sterne.

Wer mit Herz und Fantasie Heiliges Geschehen inszeniert – dazu muss man nicht nach Oberammergau gehen – der weiß mit Sicherheit Eines:
Die Mitte ist schon da, von Anfang an. Das Heilige ist das Vorgefundene, Gott ist schon da und lässt sich nicht in Szene setzen. Aber wir, die Menschen, verhalten uns zu ihm.

Das Kind in der Krippe:
der vorgefundene Anfang.
„Er ist das Ebenbild des unsichtbaren Gottes, der Erstgeborene der ganzen Schöpfung. Denn in ihm wurde alles erschaffen im Himmel und auf Erden, das Sichtbare und das Unsichtbare … Er ist vor aller Schöpfung, in ihm hat alles Bestand." (Kolosser 1,15-17)

Wer eine Krippe inszeniert, der baut die Landschaft Gottes um das Vorgefundene herum, um das verborgene Geheimnis des anwesenden Gottes. Er gibt sich selbst hinein – ernst und lächelnd – in das, was er vorfindet. Das gestaltet die Szene; und wenn wir die Dinge ernst nehmen: das gibt uns Gestalt, das gestaltet uns.

Und so ist es gut – das Spiel von Weihnachten, das ganz persönliche Ritual und die Krippe in unserem „Schau-Kasten".
„Kommt, wir gehen nach Bethlehem." (Lukas 2,15)
Bethlehem: Das ist Herzenserkenntnis der lichthaften Erfahrung der Gegenwart Gottes, schon bevor wir den ersten

Schritt gehen. Gott ist der Vorfindbare – der als erster uns entgegenkommt in der Zeit und im Augenblick. Zu ihm brechen wir auf, an ihm nehmen wir Maß, ihn haben wir im Blick, wenn wir Leben gestalten.

Nach Bethlehem unterwegs sein:
einander zuhören – ohne übereinander zu-urteilen,
sich einander näheren – doch nicht als Ein-dringlinge,
einander Mut machen – ohne sich zu be-drängen,
einander halten – ohne sich festzuhalten,
einander loben – ohne zu schmeicheln,
Leben gestalten – ohne sich zu überheben.

Und so lasst uns eintauchen in das Vorfindbare, in unsere Wirklichkeit, in unseren Gott. Einfach wird es nicht sein. Bisweilen müssen wir dann das Leben bestehen. Manchmal bis zum Letzten, so wie der heilige Stephanus, dem sich als Letztes das Erste zeigt:

„Er blickte zum Himmel empor, sah die Herrlichkeit Gottes und Jesus zur Rechten Gottes stehen." (Apostelgeschichte 7,55)
Der Himmel ist offen.
(Wer auf das Leben besteht, der verschließt sich den Himmel; wer allein sich inszeniert, nimmt sich aus dem Himmel fort.)

„Macht euch keine Sorgen, wie und was ihr reden sollt; denn es wird euch in jener Stunde eingegeben, was ihr sagen sollt. Nicht ihr werdet dann reden, sondern der Geist eures Vaters wird durch euch reden."
(Matthäus 10,19 f)

Und so sind es dann weniger wir, die gestalten; wir lassen uns gestalten nach dem Bild Jesu. Und dann – erst dann – setzen wir das Heilige in Szene in unseren Ritualen, im Heiligen Spiel der Krippenfiguren, in unserem Alltag noch viel mehr.

Thomas Schwaiger

Der astronomische Sternenhimmel

„Weißt du, wieviel Sternlein stehen …" – an dieses Kinderlied erinnert der Nachthimmel, der für bestimmte Szenen vor den Taghimmel der Krippe montiert wird. Er besteht zunächst aus vier Bögen bemalter Pappe: dunkles Blau, darauf einige angedeutete Wolken.
Um das Geheimnis der Heiligen Nacht darzustellen, wurde als Gemeinschaftsarbeit ein Sternenhimmel geschaffen. Dazu hat der Münchner Elektroingenieur und Astronom Andreas Voss per Software die Sternenkonstellation in Bethlehem im Heiligen Land zur Zeit von Christi Geburt kurz vor Sonnenaufgang berechnet. Diese wurde mit einem Videoprojektor auf die Pappe mit dem gemalten Nachthimmel projiziert. Dann hat der Elektroingenieur Thomas Prufer bei jedem wichtigen Stern ein winziges Loch gebohrt und ein bis drei Lichtleiter – je nach Helligkeit des Sterns – hindurch gesteckt. Ein Lichtleiter (im alltäglichen Sprachgebrauch eine „Glasfaser") hat nur etwa zwei zehntel Millimeter Durchmesser. Sobald die Beleuchtung der Lichtleiterbündel eingeschaltet wird, leuchten über 200 winzige Lichtpünktchen als Sterne auf. Und ein kleines Dreieck aus Plexiglas, in das drei Fasern gesteckt werden, erstrahlt als Komet.
Sebastian Osterrieder hat an Weihnachten 1903 im Rathaussaal von Landshut erstmals den „Zug der hl. Drei Könige nach Bethlehem" ausgestellt, wie das „Neue Münchner Tagblatt" vom 28. April 1904 berichtet. Ein Foto liegt nicht vor, aber die ausführliche Beschreibung der Figuren-Aufstellung war Vorbild für diese eher seltene Krippen-Szene „Rast der Könige".

Die Anbetung der Könige

Die Weisen aus dem Morgenland (2)

Da Jesus geboren war zu Bethlehem in Judäa zur Zeit des Königs Herodes, siehe, da kamen Weise aus dem Morgenland … Und siehe, der Stern, den sie hatten aufgehen sehen, ging vor ihnen her, bis er über dem Ort stand, wo das Kindlein war. Da sie den Stern sahen, wurden sie hocherfreut und gingen in das Haus und sahen das Kindlein mit Maria, seiner Mutter, und fielen nieder und beteten es an und taten ihre Schätze auf und schenkten ihm Gold, Weihrauch und Myrrhe. Und da ihnen im Traum befohlen wurde, nicht wieder zu Herodes zurückzukehren, zogen sie auf einem andern Weg wieder in ihr Land.

Matthäus 2,1; 9b-12

Liebe Kinder

Dort, wo die Sonne aufgeht, in fernen Ländern ganz im Osten, lebten drei kluge und weise Männer. Sie lasen viel und beobachteten Nacht für Nacht den Himmel. Und sie entdeckten eines Nachts einen großen, neuen, hellen Stern am Himmel.
Da machten sie sich auf eine weite Reise, folgten dem Stern, weil sie fest glaubten, dass ein Königskind auf die Welt gekommen war. Nach einer langen Reise durch viele Länder, über Berge und durch Wüsten kam die kleine Karawane am Ziel an. Der Stern stand über einem Stall in Bethlehem, und dort fanden sie das Kind, seine Mutter und Josef. Ganz tief verbeugte sich Josef vor den prächtig gekleideten Besuchern.
Der alte König mit der goldenen Krone ging ganz ehrfürchtig auf die Knie vor dem Kind, das Maria auf dem Schoß hielt. Der König mit dem Turban hielt sein gut gefülltes, goldenes Weihrauchschiff fest in der rechten Hand und schwenkte mit der Linken sein duftendes Weihrauchfass. Der schwarze König hob sein Kästchen hoch, das war gefüllt mit Myrrhe, einer Medizin gegen Schmerzen. Alle drei beteten und staunten und sahen, dass es rund um das Kind ganz hell war.
Die Kamele konnten sich nun endlich ausruhen. Eine Frau schöpfte aus dem Brunnen Eimer für Eimer, um den Durst der Kamele und ihrer Reiter zu stillen. Denn die drei weisen Männer wollten erst am nächsten Tag die Heimreise antreten.
In der Nacht aber, als alle Tiere und Menschen schliefen, befahl ein Engel den drei Männern, nicht zu dem alten König Herodes nach Jerusalem zurückzukehren, sondern auf einem anderen Weg nach Hause zu reiten. So erfuhr der alte, listige König Herodes lange nicht, wo der neue König geboren worden war – und so konnte er dem Jesuskind kein Leid antun.
Die drei weisen Sterndeuter, die man auch die drei heiligen Könige nennt, wurden nie vergessen. Jedes Jahr setzen sich Kinder am 6. Januar Kronen auf und ziehen als Caspar, Melchior und Balthasar von Haus zu Haus, um Spenden zu sammeln für arme Kinder in der Welt. Mit Kreide schreiben sie auf die Haustüren: C + M + B, das heißt auf Lateinisch „*Christus mansionem benedicat*" und auf Deutsch „Christus segne dieses Haus".

> *Betrachtet die Szene: Welche drei Gaben bringen die drei weisen Männer dem Kind? Welche Geschenke erkennt ihr noch schaut euch die Last der Kamele an! Was macht die Frau mit dem Kopftuch am Brunnen? Und wer sieht vom Himmel aus zu?*

Geschenke

Wir alle freuen uns über Geschenke. Jedenfalls dann, wenn sie klug ausgewählt werden. Als Kind bekam ich zuweilen an Festtagen Geschenke „für später". Das konnte ein Handtuch sein oder eine Tischdecke. „Später wirst Du Dich darüber freuen", sagte meine Mutter.

Auch das kleine Jesuskind bekommt Geschenke „für später".
Der erste Besucher, ein alter König aus Europa, bringt Gold.
Der Zweite, ein weiser Mann aus Asien, schenkt Weihrauch.
Der Dritte, ein junger Afrikaner, übergibt Myrrhe.
Was bedeuten diese Geschenke?
Gold, das mit seinem kostbaren Glanz unsere Augen fesselt, für den König, der von sich sagt: „Mein Reich ist nicht von dieser Welt".
Weihrauch, das duftende Harz, für den Gottessohn, der die Menschen beten lehrt und das Abendmahl feiert.
Myrrhe, das bittere Schmerzmittel, für den Menschensohn, der seinen Weg geht, bis zum Tod am Kreuz.
Drei Geschenke für den Lebensweg dieses Kindes.
Die drei Männer übergeben ihre Geschenke voller Ehrfurcht: „… sie fielen nieder und beteten es an." Geht uns das nicht auch so, wenn wir ein neugeborenes Kind anschauen und etwas von dem Wunder ahnen, das in ihm steckt? Jedes Kind, das auf die Welt kommt, verdient Verehrung. Denn jedes Kind ist ein Versprechen Gottes auf die Zukunft.

Das Kind, so klein und hilflos es bei der Geburt ist, wird die Menschen seiner Umgebung und die Welt, die es vorfindet, mit gestalten und verändern. Sobald seine Grundbedürfnisse auf Nahrung, Schlaf und Wohlbefinden gestillt sind, wird seine Aufmerksamkeit spürbar – jede Stunde, jeden Tag ein bisschen mehr. Schlafend sind die kleinen Hände zur Faust geballt, Kraft sammelnd für die nächste Stunde. Trinkend öffnet sich die Hand, tastend und streichelnd die Mutterbrust. Spielend zappeln die zehn Finger, greifen und halten, lassen fallen, bis sie sich müde einrollen zur Faust. Immer wieder neu das Öffnen und das Schließen, sich nach Außen und nach Innen wenden, im großen, kleinen Spiel des Lebens.

Die ersten Geschenke, die wir einem Kind machen, sind Aufmerksamkeit und Geduld. Und doch wissen wir, dass unsere eigene Zeit und unsere Kraft für dieses Kind begrenzt sind.
Deshalb taufen wir Christen unsere Kinder mit Wasser auf den Namen des Vaters, des Sohnes und des Heiligen Geistes und stellen sie unter den Schutz Gottes. Und neben den Gaben, die Patinnen und Paten für uns aussuchen, bekommt jeder Täufling ganz besondere Geschenke „für später", wenn der katholische Priester das Kind mit Chrisam-Öl salbt „zum Priester, König und Propheten – zur Priesterin, Königin und Prophetin".

Als Christinnen und Christen haben wir Anteil an Christus.
Wir sind dazu aufgerufen, ihn zu bezeugen, indem wir unser Reden und Handeln nach ihm ausrichten. Insofern sind wir Priesterinnen und Priester.

Unsere goldenen Kronen sind unsichtbar, aber wir werden ermutigt, aufrecht zu stehen, mit der Würde einer Königin, eines Königs.

Je älter wir werden, desto deutlicher schmecken wir die Bitterkeit, wenn Schmerz, Gewalt und Tod unsere Weltgemeinschaft prägen. Als Christinnen und Christen müssen wir daher prophetisch warnen und zur Umkehr aufrufen.

Drei Geschenke zur Taufe. Für jetzt.

Annette Krauß

Könige und Kamele

Die Lieblingstiere des Krippenkünstlers Sebastian Osterrieder waren Kamele beziehungsweise Dromedare (mit einem Höcker auf dem Rücken). Er hat sie als junger Akademie-Student im Tierpark Hellabrunn gezeichnet, und er hat sie und ihre Besitzer, die Beduinen, im Heiligen Land beobachtet, das er 1910 bereist hat. Deshalb hat er diese Karawanen-Tiere besonders lebensecht gestaltet, und auch die Beduinen sitzen so grazil im Sattel, wie es der Künstler in der Wüste selbst gesehen hat.

Das Zaumzeug des liegenden Tieres ist mit Halbmond und Stern verziert und verweist so auf den Orient. Das größte Tier, mit dem in die Ferne blickenden Reiter, hat ein Jungtier ohne Gepäck an seiner Seite. Den großen Kamelen sind in Körben und Taschen Edelsteine und Perlen sowie kostbare Stoffe als Gepäck aufgebunden. Ein auf dem Boden sitzender Beduine hat seine Hände in einem Wasserbottich, ein anderer Reiter schaut nach der langen Reise sehnsüchtig zum Brunnen, wo eine Frau Wasser schöpft. Das ist das turbulente Leben der ankommenden Karawane rund um das ruhige Zentrum der Anbetungs-Szene.

Besonders kostbar sind die Mäntel der Könige bemalt. Deshalb müssen diese drei Figuren mit dem Rücken zum Betrachter oder wenigstens im Profil aufgestellt werden. Jeder König hat eine Schauseite - würde man ihn auf die andere Seite platzieren, käme die gesamte Figur in ihrer Haltung aus dem Gleichgewicht. Der akademische Bildhauer Osterrieder wusste sehr genau, wie ein menschlicher Körper sich bewegt und wo er seinen Schwerpunkt hat. Der Künstler hat auch Bild-Postkarten seiner Szenen veröffentlicht, auf denen er die Ausrichtung seiner Figuren genau aufzeigt.

Wer sich einübt, diese Figuren zu betrachten und aufzustellen, der erkennt, wie durchdacht sie geformt wurden. Und immer sind sie in ihrer Bewegung ausgerichtet auf die Krippe hin - so wie auch wir unser Leben ausrichten können hin zu diesem Kind.

Darstellung des Herrn

Jesu Darstellung im Tempel

Und als die Tage ihrer Reinigung nach dem Gesetz des Mose um waren, brachten sie ihn hinauf nach Jerusalem, um ihn dem Herrn darzustellen, wie geschrieben steht im Gesetz des Herrn (2. Mose 13,2; 13,15): „Alles Männliche, das zuerst den Mutterschoß durchbricht, soll dem Herrn geheiligt heißen", und um das Opfer darzubringen, wie es gesagt ist im Gesetz des Herrn: „ein Paar Turteltauben oder zwei junge Tauben" (3. Mose 12,6-8).
Und siehe, ein Mensch war in Jerusalem mit Namen Simeon; und dieser Mensch war gerecht und gottesfürchtig und wartete auf den Trost Israels, und der Heilige Geist war auf ihm. Und ihm war vom Heiligen Geist geweissagt worden, er sollte den Tod nicht sehen, er habe denn zuvor den Christus des Herrn gesehen. Und er kam vom Geist geführt in den Tempel.
Und als die Eltern das Kind Jesus in den Tempel brachten, um mit ihm zu tun, wie es Brauch ist nach dem Gesetz, da nahm er ihn auf seine Arme und lobte Gott und sprach: Herr, nun lässt du deinen Diener in Frieden fahren, wie du gesagt hast; denn meine Augen haben deinen Heiland gesehen, das Heil, das du bereitet hast vor allen Völkern, ein Licht zur Erleuchtung der Heiden und zum Preis deines Volkes Israel. Und sein Vater und seine Mutter wunderten sich über das, was von ihm gesagt wurde. Und Simeon segnete sie und sprach zu Maria, seiner Mutter: Siehe, dieser ist dazu bestimmt, dass viele in Israel fallen und viele aufstehen, und ist bestimmt zu einem Zeichen, dem widersprochen wird – und auch durch deine Seele wird ein Schwert dringen –, damit aus vielen Herzen die Gedanken offenbar werden.
Und es war eine Prophetin, Hanna, eine Tochter Phanuëls, aus dem Stamm Asser. Sie war hochbetagt. Nach ihrer Jungfrauschaft hatte sie sieben Jahre mit ihrem Mann gelebt und war nun eine Witwe von vierundachtzig Jahren; die wich nicht vom Tempel

Liebe Kinder

Maria und Josef freuten sich über Jesus. Und weil sie fromme Juden waren, gingen sie in den großen Tempel von Jerusalem, um Gott für das Kind zu danken.
Als Spende brachten reiche Eltern damals ein Lamm, und arme Menschen wie Josef und Maria ein Paar Turteltauben in den Tempel.
Ein sehr alter, frommer Mann, er hieß Simeon, war oft im Tempel. Ihm hatte Gott gesagt, dass er nicht sterben werde, bevor er Christus, den Heiland der Welt, gesehen hätte. Als er nun Maria mit dem Kind sah, da nahm er den kleinen Jesus auf seine Arme und begann zu singen: *„Nun habe ich lange genug gelebt, denn jetzt haben meine Augen den Heiland gesehen, der die Welt heil machen wird!"*
Maria und Josef wunderten sich sehr. Der alte Simeon aber segnete sie und sagte zu Maria: *„Du hast ein ganz besonderes Kind. Er ist ein Zeichen Gottes! Aber manche Menschen werden ihm widersprechen und ihn verfolgen – das wird dich traurig machen."*
In dem Moment trat eine fromme Frau hinzu, die hieß Hanna und war 84 Jahre alt. Und auch sie war voll Freude über Jesus und erzählte allen, dass der Heiland der Welt nun endlich da sei.

> *Betrachtet die Szene: Wie viele Kerzen brennen auf dem Leuchter im Tempel? Was bringt Josef als Spende, als Geschenk für Gott mit? Was liegt auf dem Lesepult? Auf dem Vorhang vor dem Allerheiligsten stehen die Zahlen von 1 bis 10 geschrieben (auf Hebräisch, der Sprache der Juden). Was könnte das bedeuten?*

und diente Gott mit Fasten und Beten Tag und Nacht. Die trat auch hinzu zu derselben Stunde und pries Gott und redete von ihm zu allen, die auf die Erlösung Jerusalems warteten.

Lukas 2,22-38

Nicht verstummen

Am Meer werden wir Menschen zu Sammlern. Wir suchen nach einer Muschel, nach einem besonders schönen Stein. Wir drehen und wenden sie in der Hand, nehmen sie mit als Erinnerung an einen Sommertag.

Zu Hause, wenn die Fundstücke im Trockenen liegen, sind wir enttäuscht, denn unsere Kiesel und Muscheln sehen grau und stumpf aus. Nur ganz besondere Fundstücke behalten ihren Glanz. Winzige Glimmer-Partikel blitzen auf, wenn wir sie ins Sonnenlicht halten.

Wenn wir etwas genau sehen wollen
halten wir es ins Licht.
Dann können wir erkennen,
was vorher nicht zu sehen war.
Manchmal staunen wir
über etwas Unerwartetes, Neues,
noch nie Gesehenes.

Was kann er noch erwarten, der alte Simeon? Er hat sein Leben gelebt. Seine Augen haben viel gesehen. Vielleicht sind sie müde geworden, diese Augen. Aber sein Herz ist noch immer wach. Er hat eine große Sehnsucht nach Frieden, nach Heil, nach Erlösung für die Welt.

Wie geht es uns mit unserer Sehnsucht? Sind wir noch wachsam? Glauben wir noch daran, dass es besser werden könnte? Mit dem Weltfrieden? Mit der Ungerechtigkeit zwischen Arm und Reich? Mit der Klimaveränderung auf der Erde? Mit den ungesagten Worten in unserer Familie?

Simeon sieht sie kommen:
Josef mit den Turteltauben als Opfergabe,
Maria mit dem kleinen Kind auf dem Arm.
Und schon streckt er seine Arme aus,
das Kind wird übergeben
aus den Händen der jungen Mutter
in die des alten Mannes.

*„Meine Augen haben das Heil gesehen,
ein Licht, das die Heiden erleuchtet",
so die Worte des Simeon. Viele Kinder mag
er gesehen haben, der alte Mann. Aber im
Licht des Tempels erkennt er, dass dieses
Kind den ganzen Erdkreis erhellen wird.*

*Der alte Simeon sieht,
weil er nicht müde wurde,
Ausschau zu halten.
Nicht die Augen verschließen,
nicht taub werden
gegen die Stimme der Sehnsucht,
nicht verstummen vor dem Lärm der Welt.
Sondern dagegen ansingen.
Sein Lied,
mit seiner alten, brüchigen Stimme,
so wie einst Jesaja sang:
„Denn uns ist ein Kind geboren,
ein Sohn ist uns gegeben,
und die Herrschaft ist auf seiner Schulter;
und er heißt Wunder-Rat, Gott-Held,
Ewig-Vater, Friede-Fürst;
auf dass seine Herrschaft groß werde
und des Friedens kein Ende."*

Und Maria erlebt, dass Menschen ehrfürchtig werden, wenn sie ihr Kind sehen. Ihre Augen leuchten auf, sie wollen das Kind berühren, es umfassen. Und sie beginnen von ihren Träumen zu erzählen, von ihrer Hoffnung auf Frieden und Erlösung.

*Wie seltsam:
Ein kleines Kind,
das noch nicht sprechen kann,
öffnet den Menschen den Mund!*

Annette Krauß

Der Leib Christi

Die „Darstellung des Herrn im Tempel" wird am 2. Februar gefeiert - im Volksmund heißt das Fest „Lichtmess", weil an diesem Tag die Kirchen-Kerzen für ein ganzes Jahr geweiht werden, oder „Mariä Reinigung", weil nach jüdischer Vorschrift eine junge Mutter erst 40 Tage nach der Entbindung „rein" ist und wieder den Tempel betreten darf. (Die Beschneidung des Buben hatte bereits acht Tage nach der Geburt stattgefunden, siehe Lukas 2,21.) Maria und Josef bringen gemeinsam das Kind vor Gott und opfern ein Paar Turteltauben.
Diese Geschichte war die erste Szene, die ich 2007 in der Jahreskrippe St. Ursula aufgestellt und seither weiterentwickelt habe. Es kommt bei Krippenszenen darauf an, sie bildhaft nach dem Wort der Bibel darzustellen, sie aber auch symbolisch zu durchdringen.
Es geht hier nicht um eine historisch genaue Nachbildung des Tempels in Jerusalem. Vielmehr deute ich einen jüdischen Sakralraum an mit einem 7-armigen Leuchter (der Menora) und dem Lesepult (der Bima) mit der Schriftrolle (der Tora). Es ist ein Vorraum, links ist das „Allerheiligste" durch einen Vorhang abgetrennt, vor dem der Hohepriester steht - etwas abseits, denn nicht er spielt hier die Hauptrolle, sondern die Menschen im Tempel. Der Vorhang ist mit den ersten zehn Buchstaben des hebräischen Alphabets beschriftet, und das sind gleichzeitig die Ziffern 1 bis 10 - so wird auf den Türen vieler Synagogen an die Zehn Gebote erinnert. Alle Frauen tragen ein Kopftuch, die Männer eine Kippa (ein Scheitel-Käppchen), einen Gebetsschal oder eine andere Kopfbedeckung. Damit zeigen viele jüdische Menschen ihre Ehrfurcht vor Gott.
Die Übergabe des Kindes erfolgt direkt über dem Lesepult, wo die Schriftrolle liegt - eine Anspielung auf das Evangelium des Johannes: „Und das Wort ward Fleisch und wohnte unter uns." Simeon umfängt Jesus nicht mit seinen bloßen Händen, sondern mit einem weißen Tuch. Auch dies ist Ausdruck der Ehrfurcht vor Gott. Ein ähnliches Zeichen setzt der katholische Priester, wenn er die Monstranz mit der geweihten Hostie emporhebt und dabei seine Hände mit einem Tuch verhüllt: Wie Simeon zeigt auch er den Leib Christi.

Im Haus meines Vaters

Der zwölfjährige Jesus im Tempel

Und seine Eltern gingen alle Jahre nach Jerusalem zum Passafest. Und als er zwölf Jahre alt war, gingen sie hinauf nach dem Brauch des Festes. Und als die Tage vorüber waren und sie wieder nach Hause gingen, blieb der Knabe Jesus in Jerusalem, und seine Eltern wussten's nicht. Sie meinten aber, er wäre unter den Gefährten, und kamen eine Tagereise weit und suchten ihn unter den Verwandten und Bekannten. Und da sie ihn nicht fanden, gingen sie wieder nach Jerusalem und suchten ihn.
Und es begab sich nach drei Tagen, da fanden sie ihn im Tempel sitzen, mitten unter den Lehrern, wie er ihnen zuhörte und sie fragte. Und alle, die ihm zuhörten, verwunderten sich über seinen Verstand und seine Antworten.
Und als sie ihn sahen, entsetzten sie sich. Und seine Mutter sprach zu ihm: Mein Kind, warum hast du uns das getan? Siehe, dein Vater und ich haben dich mit Schmerzen gesucht. Und er sprach zu ihnen: Warum habt ihr mich gesucht? Wusstet ihr nicht, dass ich sein muss in dem, was meines Vaters ist? Und sie verstanden das Wort nicht, das er zu ihnen sagte.
Und er ging mit ihnen hinab und kam nach Nazareth und war ihnen gehorsam. Und seine Mutter behielt alle diese Worte in ihrem Herzen. Und Jesus nahm zu an Weisheit, Alter und Gnade bei Gott und den Menschen.

Lukas 2,41-52

Liebe Kinder

Der junge Jesus lebte mit seiner Mutter Maria und mit Josef in Nazareth. Dort arbeitete Josef als Zimmermannsmeister. Als fromme Juden machten Maria und Josef jedes Jahr eine Wallfahrt zum Tempel nach Jerusalem, um dort das Pessachfest zu feiern. Bei diesem Fest erinnern sich bis heute die Juden daran, dass Gott sie vor langer Zeit aus der Gefangenschaft in Ägypten befreit hat. Als Jesus zwölf Jahre alt war, durfte er zum ersten Mal mit nach Jerusalem wandern. Viele Menschen machten sich auf den Weg, um dort einige Tage zu feiern und zu beten.
Als das Fest zu Ende war, gingen alle wieder nach Hause. Doch auf dem Heimweg merkten Maria und Josef, dass Jesus nicht dabei war. Sie mussten umkehren, zurück nach Jerusalem, und ihn in der großen Stadt suchen.
Endlich, nach drei Tagen, fanden sie Jesus. Er saß im Tempel, mitten unter den Lehrern. Die frommen Männer hörten ihm zu und stellen ihm Fragen. Und alle wunderten sich, welch kluge Antworten der zwölfjährige Jesus gab.
Josef und Maria aber waren ganz entsetzt. *„Mein Kind, warum hast du uns das angetan? Wir haben ganz verzweifelt nach dir gesucht!"* rief seine Mutter. Da antwortete Jesus: *„Warum habt ihr mich gesucht? Wisst ihr denn nicht, dass ich hier hingehöre, in diesen Tempel? Hier möchte ich bleiben, denn dies ist das Haus meines Vaters."*
Maria und Josef verstanden nicht gleich, was Jesus ihnen antwortete. Aber dann erinnerte sich Maria daran, was der Engel ihr ganz am Anfang gesagt hatte: *„Der Vater deines Kindes wird Gott selbst sein!"*
Jesus ging dann wieder mit ihnen zurück nach Nazareth. Er wuchs und wurde klüger, und Gott und die Menschen hatten ihn lieb.

> *Betrachtet die Szene: Was tun die vielen frommen Männer im Tempel? Wo sitzt Jesus?*

War Jesus ein Ausreißer?

Eine Gruppe von Menschen macht sich auf den Weg. Für die einen ist es ein Ausflug in die große Stadt. Für die anderen eine Wallfahrt. Als die Gruppe schon wieder auf dem Heimweg ist, fehlt einer.

Ein Zwölfjähriger.

Ein Mensch mit zwölf Jahren sucht nach seinem eigenen Weg. Er spürt die Erwartungen, die an ihn gestellt werden. Und er hat eigene Träume, was er vom Leben erwartet.

Als Erwachsene können wir gut den Schrecken nachfühlen, der Maria und Josef überfällt, als Jesus auf dem Heimweg fehlt:
Wo ist unser Kind? Wo wird es schlafen?
Was wird es essen? Und dann die nagenden Fragen im Herzen: Hat es sich verirrt?
Ist ihm etwas Schreckliches zugestoßen?
Oder hat es uns verlassen?
Ist Jesus ausgerissen von zu Hause?

Für Eltern ist das schwer zu ertragen. Sie fürchten die Gefahren der Welt und die Naivität des Kindes. Sie sind verzweifelt, wütend, ratlos. Vielleicht fragen sie sich:
Haben wir etwas falsch gemacht?
Maria reagiert ganz typisch, als sie schließlich – nach dreitägiger Suche – Jesus im Tempel entdecken:
„Mein Kind, warum hast du uns das angetan?"
Das ist die Sichtweise der Mutter.

Die innere Sicht des Kindes ist anders. Es nimmt Reißaus vom Vertrauten, es überschreitet Grenzen, die bisher galten. Der junge Jesus, von dessen Kindheit wir wenig wissen, orientiert sich. Nicht an der Werkstatt des Josef von Nazareth, sondern an der Welt des Tempels.
Er spürt: Hier gehöre ich hin.
Nicht später, jetzt.
Das duldet keinen Aufschub.

Was als Ausflug gedacht war, wird erste Station seines öffentlichen Lebensweges. Die Antworten, die er im Tempel den Fragenden gibt, das ist so etwas wie seine erste Predigt. Keiner hat sie aufgeschrieben, sie ist nicht überliefert. Doch die Fragen, die er Maria und Josef stellt, sind festgehalten:
„Warum habt ihr mich gesucht?
Wusstet ihr nicht, dass ich sein muss
in dem, was meines Vaters ist?"
Das ist das erste öffentlich gesprochene Wort Jesu. Jahre später wird er am selben Ort, am Tag der Tempelweihe, sagen:
„Ich und der Vater sind eins"
(Johannes 10,30). Jesus bekennt sich zu seinem himmlischen Vater. Sein Herz ist aufgewacht.

Berufungen geschehen nicht spektakulär.
Und sie geschehen selten öffentlich.
Denn Menschen verstehen nicht immer gleich, was da mit ihnen geschieht. Aber sie spüren, dass ihr Leben umgekrempelt wird und manches ins Wanken gerät, was alltäglich und vertraut war.
Einfacher wäre es, alles beim Alten zu lassen.
Doch ein Wort,
eine Melodie,
eine Begegnung
oder aber die Stille
können uns aufwecken.
Wir spüren: Da ist etwas wichtiger als all die üblichen Aufgaben, die auf uns warten.

Eine Saite wird in uns zum Klingen gebracht,
der wir noch nie gelauscht haben.
Und dann kann geschehen, dass wir
unser Leben neu ausrichten.
Als hätten wir endlich
einen Kompass gefunden, der uns
die richtige Richtung zeigt.

Annette Krauß

Fakten checken im Smartphone?

Moment, das haben wir gleich! Stichwort eintippen, Suchfunktion wählen … ja, es dauert ein bisschen … Und dann: die Website wird geöffnet, alle Infos sind verfügbar! Kennen Sie solche „Unterhaltungen"?
Der venezianische Renaissance-Maler Jacopo Tintoretto hat daraus ein Bild gemacht: Im Zentrum, etwas erhöht auf einer Treppe, sitzt der junge Jesus und redet sozusagen „mit Händen und Füßen". Er ist selbst bewegt von dem, was über seine Lippen kommt.
Und um ihn herum, neben, über und vor ihm, sitzen alte Männer, die blättern in Büchern und Schriftrollen. Sie wollen lesen und überprüfen, was sie da hören. Wenn ich dieses Bild in unsere Zeit übersetze, dann haben alle ein Smartphone vor der Nase, um die Fakten zu überprüfen.
In gewisser Weise faszinieren mich diese Männer, die ihre Gesichter über die Schriften beugen. In meinem Fundus gab es einige kleine Bücher, die ich in hebräische Schriften verwandelt habe: Im Internet habe ich Fotos von hebräischen Schriftstücken gesucht, sie verkleinert ausgedruckt und sie vorsichtig mit Klebwachs auf den aufgeschlagenen Buchseiten befestigt. Andere Ausdrucke habe ich auf handgeschöpftes Papier geklebt und die kleinen Seiten so lange gerollt, bis sie als Schriftrollen zu erkennen waren.
Im Unterschied zum Bild von Tintoretto tragen alle Männer der Krippenszene eine Kopfbedeckung: eine Kippa, einen Gebetsschal, einen Hut, einen Turban oder ein Tuch. Damit orientiere ich mich an den Bekleidungs-Vorschriften, die in heutigen Synagogen gelten.
Jesus hat – wie bei Tintoretto – kein Buch und keine Schriftrolle. Er hält eine freie, emotionale Rede. Seine Worte kommen nicht aus Büchern, sondern aus dem Herzen – wobei er als gläubiger Jude die Schrift der Thora nicht nur kennt, sondern sie verinnerlicht hat. Jesus spricht von seinem Vater. Nicht von Josef, sondern von dem Vater, in dessen Haus er ist. In seiner Abschiedsrede wird er sagen: „Das ist mein Gebot, dass ihr einander liebt, wie ich euch liebe." (Johannes 15,12). Das ist die Freiheit, die er uns zumutet.

Die Versuchung in der Wüste

Jesu Versuchung

Jesus aber, voll Heiligen Geistes, kam zurück vom Jordan. Und er wurde vom Geist in der Wüste umhergeführt vierzig Tage lang und von dem Teufel versucht. Und er aß nichts in diesen Tagen, und als sie ein Ende hatten, hungerte ihn. Der Teufel aber sprach zu ihm: Bist du Gottes Sohn, so sprich zu diesem Stein, dass er Brot werde. Und Jesus antwortete ihm: Es steht geschrieben (5. Mose 8,3): „Der Mensch lebt nicht vom Brot allein."

Und der Teufel führte ihn hoch hinauf und zeigte ihm alle Reiche der ganzen Welt in einem Augenblick und sprach zu ihm: Alle diese Macht will ich dir geben und ihre Herrlichkeit; denn sie ist mir übergeben und ich gebe sie, wem ich will. Wenn du mich nun anbetest, so soll sie ganz dein sein. Jesus antwortete und sprach zu ihm: Es steht geschrieben (5. Mose 6,13): „Du sollst den Herrn, deinen Gott, anbeten und ihm allein dienen."
Und er führte ihn nach Jerusalem und stellte ihn auf die Zinne des Tempels und sprach

Liebe Kinder

Jesus war nun schon ein erwachsener Mann. Er wollte sich auf seine Aufgabe vorbereiten, den Menschen von Gott zu erzählen. Deshalb ging er ganz allein in die Wüste, wo die Sonne auf Sand und Steine brennt und nichts wächst außer Dornengestrüpp.
Vierzig Tage wanderte Jesus durch die Wüste. In dieser Zeit aß er nichts, und als vierzig Tage um waren, hatte er großen Hunger.
Da erschien ihm der Teufel, der ihm befahl: *„Wenn Du wirklich Gottes Sohn bist, dann sag diesem Stein, dass er Brot werden soll!"* Jesus gehorchte aber nicht, sondern widersprach dem Teufel: *„In der Bibel steht: Der Mensch lebt nicht vom Brot allein!"*
Da führte der Teufel Jesus auf einen hohen Berg und zeigte ihm alle Länder der Erde. Und der Teufel sagte zu Jesus: *„Ich gebe dir Macht über die ganze Welt, wenn du mich anbetest!"*
Jesus widersprach dem Teufel: *„In der Bibel steht, dass wir allein Gott anbeten und ihm dienen sollen!"*
Da führte der Teufel Jesus nach Jerusalem und stellte ihn auf das Dach des Tempels. Und der Teufel sagte zu Jesus: *„Wenn du Gottes Sohn bist, dann spring*

zu ihm: Bist du Gottes Sohn, so wirf dich von hier hinunter; denn es steht geschrieben (Psalm 91,11-12): „Er wird befehlen seinen Engeln für dich, dass sie dich bewahren." Und: „Sie werden dich auf den Händen tragen, damit du deinen Fuß nicht an einen Stein stößt." Jesus antwortete und sprach zu ihm: Es ist gesagt (5. Mose 6,16): „Du sollst den Herrn, deinen Gott, nicht versuchen." Und als der Teufel alle Versuchung vollendet hatte, wich er von ihm bis zur bestimmten Zeit.

Lukas 4,1-13

hier hinunter, denn in der Bibel steht, dass Gott seine Engel schicken wird, die dich auf Händen tragen werden." Jesus widersprach erneut dem Teufel: *„In der Bibel steht, du sollst Gott nicht auf die Probe stellen."*
Dreimal wollte der Teufel also Jesus verführen, Gottes Macht wie einen Zaubertrick zu zeigen; dreimal widersprach Jesus dem Teufel. Da endlich ließ ihn der Teufel in Ruhe.

> *Betrachtet die Szene: Welches gefährliche Tier lebt in der Wüste? Zeigt derjenige, der Jesus auf die Probe stellen will, sein Gesicht?*

Fülle sucht Grenzen

Der Name des Teufels ist: Alles-ist-möglich. Wo der Mensch meint, seines Lebens in großer Tiefe gewahr geworden zu sein oder wo er meint, den Sinn seines Lebens abschließend erkannt zu haben, da läuft er Gefahr, alles wieder aufzugeben, was er gewonnen hat. „Es ist unvermeidlich, dass Verführungen kommen." (Lukas 17,1)

Menschen wegschicken und in die Einsamkeit gehen: Damit beginnt jeder geistliche Weg. Es ist ein Weg, der die Seele in die Begegnung treibt mit der dunklen Gestalt des Versuchers, der sie zur Abkehr vom Eigenen bewegen will, zur Abwehr des Leidens an der eigenen Endlichkeit und zur Abwehr der Endlichkeit all dessen, was der Zeit gehört.
Was zeitlich ist, ist endlich.

Das Versuchungswort steht
gegen die Bedürftigkeit des Hungers,
gegen die Zeit des Weges und des Wachsens
und gegen die Geduld.
Die Versuchung will, dass es schnell geht.
Es ist der Hunger, der zeigt, dass der Mensch des Empfangens bedarf und dass er der Begrenztheit der Welt und dem, was wirkt, unterworfen ist.

Gegen die Notwendigkeit, sich dem Hunger zu unterwerfen, spricht der Versucher: „Alles ist möglich."

Der Teufel sieht den Menschen selbstzufrieden und satt, gefüllt bis oben hin, fraglos, ohne Sehnsucht – ohne Not, auch nur einen

Schritt gehen zu müssen. Hineingestellt in eine großartige Schau seiner Bestimmung hört der Aufgebrochene bisweilen voll Zweifel: Warum ein Weg? Stürz dich hinein in das Leben.
„Stürz dich hinab." (Matthäus 4,6)

Die Versuchung erklärt das Zeitliche zum Ewigen, das Offene zum Fertigen. Den Ausschnitt sieht sie als Ganzes und das Zeitliche sieht sie ewig. Dem in die Einsamkeit Ausgesetzten werden alle Reiche der Welt mit ihrer Pracht gezeigt und er hört in sich:
„Das alles will ich dir geben, wenn du dich vor mir niederwirfst und mich anbetest."
(Matthäus 4,9)
Der Teufel flüstert: Alles ist möglich
ohne Mühe und ohne Weg.
Der Zaudernde, dem Eigensinn verpflichtet, dem Eigenwillen unterworfen, macht seine Kniebeuge vor sich selbst. Er mag sogar voll Scheinheiligkeit Gottes Wort benutzen, um nicht auf eigenem Fuß den Weg gehen zu müssen.
Der Teufel missbraucht Gottes Wort:
„Seinen Engeln befiehlt er,
dich auf ihren Händen zu tragen,
damit dein Fuß nicht an einen Stein stößt."
(Matthäus 4,6)
Unsere Bestimmung ist eine andere.
Sie will die Welt und kennt ihre Grenzen.
„Ich bin gekommen, damit sie das Leben haben und es in Fülle haben."
(Johannes 10,10)

Nur Begrenztes lässt sich füllen.
Die Fülle des Lebens sucht ihre Grenzen.
Das Leben sucht Grenze auf.
Ein Wort dafür: Leiden.
Wenn der zum Leben Entschlossene
dann mit letztem Wort spricht:
„Weg mit dir, Satan!", führt der Weg weiter.

Thomas Schwaiger

Der Mann mit der Maske

Die Weite der Wüste zeigt diese Szenerie bei Sonnenaufgang. Die Sterne am Nachthimmel leuchten nicht mehr, dafür ist an der Horizontlinie, im engen Zwischenraum der bemalten Pappen von Himmel und Landschaft, ein einzelner Licht-Spot mit LED-Kaltlicht versteckt, der hinter den gemalten Bergen senkrecht nach oben in den Himmel strahlt. Dadurch werden die gemalten, zarten Streifen in Rot und Gelb am Himmel in Licht getaucht.
In einen hellen Lichtkegel gestellt werden die beiden Figuren dieser Szene, die an einem Abgrund stehen. Der markante Berg wurde aus Styrodur gebaut, das mit leimgetränktem Papier überzogen ist, darauf ein Gemisch aus Gips, Holz-Leim und Wasser („Krippenmörtel"), der nach dem Trocknen bemalt wurde.
Jesus hat nach dem Fasten eine ruhige, gefasste und nachdenkliche Haltung eingenommen. Der Verführer trägt eine Maske, denn er will nicht, dass wir sein Ansinnen erkennen. Der Böse will nicht entlarvt werden. Er zeigt nicht sein wahres Gesicht. Deshalb erhielt die Figur im schwarz-schillernden Gewand den Kopf einer Commedia-dell´arte-Figur aus Neapel. Sie trägt die schwarze Maske des listigen Pulcinella mit seiner langen Vogelnase.
Dass neben dem Teufel eine Schlange aus dem Wüstensand hervorlugt, verdeutlicht die Situation der Versuchung. So wird eine Brücke geschlagen zur Schlange im Paradies, die am Baum der Erkenntnis Adam und Eva verführte. Jesus wird mit seinem Leben und seinem Sterben am Kreuz wieder die Tür zum Paradies für uns öffnen.

Heilung und Auferweckung

Die blutflüssige Frau und die Tochter des Jaïrus

Und als Jesus im Boot wieder ans andre Ufer gefahren war, versammelte sich eine große Menge bei ihm, und er war am Meer. Da kam einer von den Vorstehern der Synagoge, mit Namen Jaïrus. Und als er Jesus sah, fiel er ihm zu Füßen und bat ihn sehr und sprach: Meine Tochter liegt in den letzten Zügen; komm und lege ihr die Hände auf, dass sie gesund werde und lebe. Und er ging hin mit ihm.

Und es folgte ihm eine große Menge, und sie umdrängten ihn. Und da war eine Frau, die hatte den Blutfluss seit zwölf Jahren und hatte viel erlitten von vielen Ärzten und all ihr Gut dafür aufgewandt; und es hatte ihr nichts geholfen, sondern es war nur schlimmer geworden. Da sie von Jesus gehört hatte, kam sie in der Menge von hinten heran und berührte sein Gewand. Denn sie sagte sich: Wenn ich nur seine Kleider berühre, so werde ich gesund. Und sogleich versiegte die Quelle ihres Blutes, und sie spürte es am Leibe, dass sie von ihrer Plage geheilt war.

Und Jesus spürte sogleich an sich selbst, dass eine Kraft von ihm ausgegangen war, wandte sich um in der Menge und sprach: Wer hat meine Kleider berührt? Und seine Jünger sprachen zu ihm: Du siehst, dass dich die Menge umdrängt, und sprichst: Wer hat mich berührt? Und er sah sich um nach der, die das getan hatte. Die Frau aber fürchtete sich und zitterte, denn sie wusste, was an ihr geschehen war; sie kam und fiel vor ihm nieder und sagte ihm die ganze Wahrheit. Er aber sprach zu ihr: Meine Tochter, dein Glaube hat dich gesund gemacht;

Liebe Kinder

Als Jesus mit seinen Jüngern über die Dörfer zog, folgten ihm viele Menschen. Sie hörten ihm zu und einige von ihnen hofften, dass er sie gesund machen könnte. An einem Tag heilte er tatsächlich zwei Menschen.
Er war damals mit seinen Jüngern an dem See Genezareth, der auch „Meer“ genannt wird. Da kam ein Mann mit Namen Jaïrus, der rannte so schnell er konnte, warf sich vor Jesus auf den Boden und flehte ihn an: *„Meine Tochter ist krank und wird sterben. Bitte komm und lege Deine Hände auf sie, damit sie wieder gesund wird!“*

Jesus ging mit ihm, aber die beiden kamen nur langsam voran, so voll waren die Wege. Unter den vielen Menschen war auch eine Frau, die war seit zwölf Jahren krank. Ihr ganzes Geld hatte sie Ärzten gegeben, und keiner hatte ihr helfen können. Alles war nur schlimmer geworden. Die Frau blutete Tag und Nacht. Mit letzter Kraft schleppte sie sich nun zu Jesus. Sie musste vorsichtig sein, denn nach dem jüdischen Gesetz war es verboten, eine blutende Frau zu berühren. Ganz klein machte sie sich in dem Gedränge. Sie streckte ihre Hand aus und berührte den Saum von Jesu Gewand. Denn sie glaubte fest, dass sie wieder gesund würde, wenn sie auch nur den Zipfel seines Mantels zu fassen bekäme. Jesus war ihre letzte Hoffnung. Und tatsächlich, in dem Moment, als sie Jesu Gewand anfasste, da hörte das Bluten auf und sie fühlte, dass sie endlich wieder gesund war.
Jesus aber spürte genau die Berührung. *„Wer hat meine Kleider berührt?“* fragte er. Suchend sah er in die Menschenmenge. Zu seinen Füßen auf dem Boden kauerte die Frau, und zitternd vor Angst erzählte sie ihm ihre ganze Geschichte. Da sagte

geh hin in Frieden und sei gesund von deiner Plage!
Als er noch redete, kamen Leute vom Vorsteher der Synagoge und sprachen: Deine Tochter ist gestorben; was bemühst du weiter den Meister? Jesus aber hörte nicht auf das, was da gesagt wurde, und sprach zu dem Vorsteher: Fürchte dich nicht, glaube nur! Und er ließ niemanden mit sich gehen als Petrus und Jakobus und Johannes, den Bruder des Jakobus. Und sie kamen in das Haus des Vorstehers, und er sah das Getümmel und wie sehr sie weinten und heulten.
Und er ging hinein und sprach zu ihnen: Was lärmt und weint ihr? Das Kind ist nicht gestorben, sondern es schläft. Und sie verlachten ihn.
Er aber trieb sie alle hinaus und nahm mit sich den Vater des Kindes und die Mutter und die bei ihm waren, und ging hinein, wo das Kind lag, und ergriff das Kind bei der Hand und sprach zu ihm: Talita kum! - das heißt übersetzt: Mädchen, ich sage dir, steh auf! Und sogleich stand das Mädchen auf und ging umher; es war aber zwölf Jahre alt. Und sie entsetzten sich sogleich über die Maßen. Und er gebot ihnen streng, dass es niemand wissen sollte, und sagte, sie sollten ihr zu essen geben.

Markus 5,21-43

Jesus liebevoll zu ihr: *„Dein Glaube hat dich gesund gemacht. Friede sei mit Dir!"* Eilig machten sich Jesus und Jaïrus wieder auf den Weg zu dem sterbenskranken Mädchen. Aber es war schon zu spät. Aus dem Haus kamen ihnen Leute entgegen, die sagten zu Jaïrus: *„Deine Tochter ist tot!"* Jesus aber sagte zu Jaïrus: *„Fürchte dich nicht! Glaube mir, dass ich helfen kann!"* Dann ging er in das Haus hinein. Drinnen waren viele Menschen, die weinten und klagten laut, weil das Mädchen gestorben war. Zu ihnen sagte Jesus: *„Das Mädchen ist nicht gestorben, es schläft nur!"* Da lachten sie Jesus aus. Jesus aber warf sie alle aus dem Haus hinaus - nur drei Jünger und die Eltern des Mädchens durften bleiben.

In dem stillen Zimmer lag das Mädchen bleich auf seinem Bett. Vorsichtig nahm Jesus ihre Hand und sagte freundlich zu ihm: *„Mädchen, steh auf!"* In dem Moment schlug das Kind die Augen auf, stand vom Bett auf und ging im Zimmer umher.
Alle waren jetzt ganz aufgeregt vor Freude. Jesus aber sagte, man solle dem Mädchen erst einmal etwas zum Essen geben. Es war zwölf Jahre alt.

> *Betrachtet die beiden Szenen: Woran erkennst Du, dass die Frau, die am Boden kniet, krank ist? Warum dreht sich Jesus zu ihr um?*

> *Wer ist im Zimmer des kranken Mädchens? Und was tut Jesus, als er am Bett des Kindes steht?*

Frauen-Geschichten

Krankengeschichten riechen.
Sie haben mit Körperflüssigkeiten zu tun. Wir hören zu, wenn von Krankheiten erzählt wird, und haben Mitleid. Aber wir wollen das nicht zu nahe an uns heranlassen.

Für Jesus ist das anders.
Er ist umringt von Menschen, die ihm ihre Wunden und Ängste zeigen, die sich zerreißen, um Rettung und Heilung zu erlangen. Allen wendet er sich zu, all ihr Leid trägt er schließlich hinauf nach Golgatha …

Zwei Frauengeschichten werden hier erzählt. Die erste: Zwölf Jahre alt ist das Mädchen – also an der Schwelle, eine Frau zu werden. Aber noch ist sie ein Kind, und sie will es bleiben – notfalls bis in den Tod hinein.

Die zweite Geschichte: Seit zwölf Jahren blutet die Frau. Als Blutende wird sie keine Berührung erfahren. Kein Mann wird sich ihr nähern. Sie wird nie Mutter sein. Sie ist schwach, des Lebens müde. Das Leben läuft aus ihr heraus.

Menschen, die nicht mehr berührt werden, sind ganz still. Menschen, die nach Armut riechen.
Menschen, die eine auffällige Krankheit haben. Menschen, die keine Freunde haben. Sie stehen neben uns, aber sie sind fast unsichtbar.
Sie erleiden tiefste Einsamkeit. Ihre Seele schreit ganz leise.

In der Begegnung mit Jesus wendet sich das Blatt.
Die blutende Frau weiß plötzlich, was ihr Heilung bringen wird. Sie setzt alles auf eine Karte. Sie wagt es, die Hand auszustrecken, ihre Sehnsucht nach Berührung zu zeigen. Eine kleine Geste, die ihr das Leben rettet.

Das kranke Mädchen erwacht, als Jesus sie berührt. Nicht die Klagenden, Weinenden und höhnisch Lachenden haben Recht. Sondern die Ermutigung gewinnt:
Fliehe nicht in den Schlaf, in den Tod! Stell dich auf deine Füße, iss und trink, geh hinein in dein Leben!

Ein Priester, lange in der Krankenseelsorge tätig, erzählt, dass er einen Sterbenden begleitet, bis die Worte nicht mehr ausreichen. „Da blieb mir nichts mehr, als mich zu ihm aufs Lager zu legen und ihn in den Arm zu nehmen."

Berührungen stärken die Seele. Sie ermutigen das Mädchen und die Frau, ins Leben zu gehen. Sie ermutigen auch den Sterbenden, loszulassen und hinüber auf die andere Seite des Lebens zu gehen.

Annette Krauß

Blut in der Krippe

Wie lässt sich Blut und Krankheit in einer Krippen-Szene darstellen, ohne dass es peinlich, eklig, anrüchig wird? Diese Frau, die seit zwölf Jahren blutet – sie muss einen eigenen Körpergeruch haben. Der Hund auf der Straße, gleich hinter ihr, wird es riechen. Und auch Krankenzimmer haben einen eigenen Geruch, eine ganz besondere Atmosphäre.
In diesen beiden Geschichten geht es um körperliche Erfahrungen. Und das geht nicht ohne Blut und Schmerzen.
Die Figur der Frau trägt ein rotes Untergewand, darüber einen weißen Kaftan. Sie kniet, weil sie sich und ihr Leiden verstecken will vor den Augen der anderen. Sie macht sich ganz klein in dem Gedränge der Menschen – und verdeckt damit auch die Blutspuren auf ihrem Gewand. Mit Wasserfarbe vorsichtig auf den nassen weißen Stoff getupft, nicht zu viel und nicht zu wenig. Nur wer genau hinschaut, wird es erkennen. Kinder sind oft sehr aufmerksame Betrachter. Sie werden sich erinnern, wie es sich an-

fühlte, als sie sich das Knie aufgeschlagen haben …
Es ist eine Wimmel-Szene auf der Straße, viele Menschen begleiten Jesus – Jünger und Zuschauer. Auf der linken Seite ist schon das Haus des Jaïrus zu erkennen – hinter dem Türvorhang liegt das Töchterchen auf dem Bett, am Eingang kauert die trauernde Mutter. Eine sprechende Gestik und Körperhaltung zeigt Jesus: „Wer hat meine Kleider berührt?" Eine bewegte, bewegende Szene – alle sind aufgeregt.
Die herausgelöste Szene vom zwölfjährigen Mädchen lebt von der Stille, die Jesus in diesem Haus herstellt. Alle, die stören, hat er hinausgeschickt. Nur die Eltern und drei Jünger dürfen bleiben – und sie halten respektvoll Abstand zu dem wunderbaren Geschehen. Das Kind liegt in weißen Laken, die fast sein Leichentuch geworden wären.
In einer ganz behutsamen Bewegung berührt Jesus die Hand des Kindes, das erwacht und ihn anblickt. Die Gestalt Jesu ist von Licht umflossen, und ein Reflex davon liegt auf dem Gesicht des Kindes. Es erwacht. Es findet, berührt und angeschaut, wieder ins Leben – in sein Leben – zurück.

Die Berufung

Die Aussendung der Zwölf

Und Jesus zog rings umher in die Dörfer und lehrte. Und er rief die Zwölf zu sich und fing an, sie auszusenden je zwei und zwei, und gab ihnen Macht über die unreinen Geister und gebot ihnen, nichts mitzunehmen auf den Weg als allein einen Stab, kein Brot, keine Tasche, kein Geld im Gürtel, wohl aber Schuhe an den Füßen. Und zieht nicht zwei Hemden an! Und er sprach zu ihnen: Wo ihr in ein Haus geht, da bleibt, bis ihr von dort weiterzieht. Und wo man euch nicht aufnimmt und euch nicht hört, da geht hinaus und schüttelt den Staub von euren Füßen, ihnen zum Zeugnis. Und sie zogen aus und predigten, man sollte Buße tun, und trieben viele Dämonen aus und salbten viele Kranke mit Öl und machten sie gesund.

Markus 6,6b-13

Er rief aber die Zwölf zusammen und gab ihnen Gewalt und Macht über alle Dämonen und dass sie Krankheiten heilen konnten und sandte sie aus, zu predigen das Reich Gottes und zu heilen die Kranken …
Und sie gingen hinaus und zogen von Dorf zu Dorf, predigten das Evangelium und heilten an allen Orten.

Lukas 9,1-2;6

Liebe Kinder

Es waren zwölf Jünger, denen Jesus besondere Aufgaben anvertraute. Er sagte zu ihnen: *„Erzählt den Menschen von Gott. Macht Kranke gesund, weckt Tote auf. Bringt den Frieden. Ihr könnt das! Und nehmt kein Geld für Euren Dienst. Nehmt überhaupt kein Geld mit auf euren Weg, kein Gepäck, keinen Koffer mit Kleidern. Vertraut darauf, dass die Menschen euch zu essen geben.*
Wenn ihr in eine Stadt oder in ein Dorf geht, dann kehrt in einem Haus ein und wünscht den Bewohnern Frieden. Wenn aber einer euch nicht bei sich zu Hause aufnehmen will und euch nicht zuhören will, dann schüttelt den Staub von euren Füßen und geht weiter."

Und so zogen die zwölf Jünger in die Welt, predigten den Menschen den Frieden, salbten die Kranken mit Öl und heilten sie. Diese zwölf Männer nennt man Apostel – das ist Griechisch und bedeutet „Botschafter". Ihre Namen werden in der Bibel genannt (im Matthäus-Evangelium, Kapitel 10) – wir kennen die meisten heute noch als Vornamen. Es sind: Peter und sein Bruder Andreas, der ältere Jakob und sein Bruder Johannes, Philipp und Bartholomäus, Thomas und Matthäus, der jüngere Jakob und Thaddäus, Simon und Judas. Später gaben Künstler jedem Apostel ein Erkennungszeichen in die Hand, das an ihr Leben und ihren Glauben erinnern soll. Als Bilder oder Skulpturen sind die Zwölf in vielen Kirchen abgebildet. Allerdings wird Judas nicht gezeigt, weil er Jesus an die Soldaten übergeben hat. Für Judas haben dann die Jünger Matthias nachgewählt.

> *Betrachtet die Szene: Wie viele Männer werden als Apostel ausgesandt? Nehmen sie Gepäck mit für ihren Weg? Gehen sie allein in die Welt hinaus oder zu zweit, zu dritt, oder alle gemeinsam?*

Geh aufs Ganze!

Primiz-Predigt für Jasper Gülden am 28. Juni 2020 in Hebertshausen

Liebe festliche Gemeinde,

sehr geehrter Herr Primiziant, lieber Jasper! Wir freuen uns mit dir, wir freuen uns an dir. Wir sagen: Es ist gut, was du tust, – und wir stellen uns mit dir, wie wir es immer tun, wenn wir Gottesdienst feiern, unter das Wort des Glaubens und des Segens.

In einem Aufsatz habe ich folgendes Wort des ehemaligen Benediktiners und späteren Ehemanns von Dorothee Sölle, Fulbert Steffensky, gelesen: „Der Segnende sieht von sich ab. Denn er steht nicht für das Versprechen, das er gibt. … Das ist die Demut des Segnenden: er spendet etwas, was er nicht hat, und seine eigene Blöße hält ihn nicht ab, aufs Ganze zu gehen und Gott als Versprechen zu geben."

Gott als Versprechen geben. Das ist ein großes Wort.
Wer segnet, wer Sakramente spendet,
der wird wie wohl kaum einer sich seiner eigenen inneren Armut und der Armut der Welt bewusst sein.
Er wird immer wieder aufs Neue lernen –
lernen müssen – das Unfertige zu lieben –
das, was niemals (!) fertig wird,
das Geringe zu schätzen –
in der Welt und auch in der Kirche.
Es gibt immer Besseres, Größeres.
Würden wir nur das Größte lieben,
wir müssten die Welt verachten,
die Kirche in ihrer armen Gestalt verachten,
uns selbst verachten.
Dem Wüstenvater Abbas Theodor von Pherme (4./5. Jhd.) wird das Wort in den Mund gelegt: „Keine andere Tugend ist wie die: Keinen verachten!"
Ein Ruf – heute nötiger denn je.

Offenheit für das Unfertige, vielleicht für das, was niemals fertig wird,
das ist demütige Suchbewegung in der Kirche und so bei den Menschen.
Auf der Suche sein nach Bruchstücken von Glauben, Hoffnung und Liebe.
Auch in sich selber.

Und es ist demütiger Zorn – ja Zorn – laut und unüberhörbar auf das Übersehene und Unerhörte hinzuweisen: „Ich hatte sehr lange geschwiegen, ich war still und hielt mich zurück. Wie eine Gebärende will ich nun schreien, ich stöhne und ringe um Luft … Ihr, die ihr taub seid: hört; ihr Blinden, blickt auf und seht her!" (Jesaja 42,14;18)
„Habt nur Mut, steht auf." (Markus 10,49).
Wenn nötig, Jasper, mache dich zum Schreihals.

Der Ruf um Erbarmen – „Jesus, hab Erbarmen mit mir!" (Markus 10,47) – ist immer dabei. Unfertig leben ist immer Wagnis, weil wir uns aussetzen. Auch wenn das andere stört. Sonst geht es nicht.

Lieber Jasper, wenn du mit solchem Bewusstsein in die Tiefe lebst und dem Leben bei der Arbeit zuschaust, dann wirst du dem „sehr langen Schweigen" (Jesaja 42,14) begegnen;
du wirst dich als Resonanzkörper erfahren, in dem so allerlei Stimmen sich auftun in der Zeit, die es braucht.
Du wirst vor einer offenen Bühne stehen mit all dem, was langsam und rätselhaft Gestalt annehmen will: „Jetzt schauen wir in einen Spiegel und sehen nur rätselhafte Umrisse, dann aber schauen wir von Angesicht zu Angesicht." (1 Korinther 13,12)
Abkürzungen gibt es nicht.

Es ist nicht die lärmende Pauke, die uns nach vorne bringt, es sind die leisen oft verwirrenden Stimmen, die zu uns sprechen; es sind die Schatten, die wir sehen.
Und es ist der Raum mit seinem ganz eigenen Hintergrund.

Nicht zuletzt die Liturgie wird dich das lehren.
Und die Frage an dich selber: Was mache ich eigentlich da?

Jesus schickte die Jünger dorthin, wohin er selbst gehen wollte (Lukas 9,2).
Das gilt auch heute.
Wohin will Christus gehen? Jetzt!
Wer so fragt, sieht von sich selber ab und sucht den gehorsamen Weg
auf unbekannten Pfaden.

Es riecht bisweilen nach Christus.

Lieber Jasper, folge in Treue und in Gehorsam diesem Duft.
Es riecht nach Christus:
Es riecht nach menschlichem Körper.
Gott wurde Mensch und nicht Engel.
In der Kirche Jesu Christi stehen wir in der Atemluft der anderen.
In dieser Luft atmen wir Gottes Geist.

Wir heben uns auf, wenn wir verletzt sind.
Wir berühren uns.
Wir trocknen gegenseitig unsere Tränen,
und wir brechen das Brot füreinander.

Wir waschen gegenseitig unsere Füße.
Und wir salben einander mit Öl.

Dass vieles zurzeit anders ist, darunter leiden wir. Es ist schlimm und eben keine „Neue Normalität".

Mein Wunsch für dich, lieber Jasper:
Gehe den Menschen entgegen
in der barmherzigen Geschwindigkeit des eigenen Herzens.
Öffne Türen und wünsche Frieden.
Lass dich fragen nach deiner Hoffnung.
Widerstehe jeder Sicherheit, die das Herz verschließt:
Wir alle zweifeln dem verborgenen Christus entgegen.
Bleibe und brich wieder auf, so wie dein Herz es befiehlt.

Bei all dem:
„Liebe die Menschen wie sie sind,
verkünde ihnen die Barmherzigkeit Gottes,
stelle dich selbst unter die Barmherzigkeit Gottes." (Johann Michael Sailer, 1751–1832)

Und gib Gott als Versprechen.
Segne uns.
Geh aufs Ganze!

Thomas Schwaiger

Attribute der Apostel

Die Apostel sollen den Frieden predigen – aber Jesus ahnt, dass ihnen Widerstand entgegentreten wird und sie für ihren Glauben verfolgt, gefoltert und getötet werden. Diese Ahnung wird umgesetzt ins Bild: Jeder hält ein Attribut in der Hand – und dieses erzählt etwas über sein Leben und sein Sterben. Sie werden gekennzeichnet, damit wir sie erkennen können. Woran wird man uns erkennen, wenn unser Lebensweg zu Ende geht?
Zu sehen sind: Simon Petrus (mit Buch und Schlüsseln) und sein Bruder Andreas (er wurde gekreuzigt am Andreas-Kreuz in der Form des Buchstabens X); Jakobus der Ältere (mit Pilgermantel und Jakobs-Muschel) und sein Bruder Johannes (mit dem Kelch – man versuchte, ihn zu vergiften); Philippus (mit einem Kreuz, an dem er starb) und Bartholomäus (mit dem Messer – er wurde gehäutet); Thomas (als Architekt mit dem Winkelmaß) und Matthäus (geköpft mit dem Schwert oder der Hellebarde); Jakobus der Jüngere (erschlagen mit einer Tuchmacher-Stange) und Judas Thaddäus (er wurde mit einer Keule erschlagen); Simon (mit einer Säge gefoltert) und Judas Iskariot (mit Geldsack und dem Strick des Selbstmörders). An die Stelle von Judas trat nach Christi Himmelfahrt Matthias durch Losentscheid.

Vom barmherzigen Vater

Vom verlorenen Sohn

Ein Mensch hatte zwei Söhne. Und der jüngere von ihnen sprach zu dem Vater: Gib mir, Vater, das Erbteil, das mir zusteht. Und er teilte Hab und Gut unter sie. Und nicht lange danach sammelte der jüngere Sohn alles zusammen und zog in ein fernes Land; und dort brachte er sein Erbteil durch mit Prassen. Als er aber alles verbraucht hatte, kam eine große Hungersnot über jenes Land und er fing an zu darben und ging hin und hängte sich an einen Bürger jenes Landes; der schickte ihn auf seinen Acker, die Säue zu hüten. Und er begehrte, seinen Bauch zu füllen mit den Schoten, die die Säue fraßen; und niemand gab sie ihm.
Da ging er in sich und sprach: … Ich verderbe hier im Hunger! Ich will mich aufmachen und zu meinem Vater gehen … Und er machte sich auf und kam zu seinem Vater. Als er aber noch weit entfernt war, sah ihn sein Vater und es jammerte ihn, und er lief und fiel ihm um den Hals und küsste ihn. Der Sohn aber sprach zu ihm: Vater, ich habe gesündigt gegen den Himmel und vor dir; ich bin hinfort nicht mehr wert, dass ich dein Sohn heiße. Aber der Vater sprach zu seinen Knechten: Bringt schnell das beste Gewand her und … bringt das gemästete Kalb und schlachtet's; lasst uns essen und fröhlich sein! Denn dieser mein Sohn war tot und ist wieder lebendig geworden; er war verloren und ist gefunden worden …
Aber der ältere Sohn war auf dem Feld. Und als er nahe zum Hause kam, hörte er Singen und Tanzen und rief zu sich einen der Knechte und fragte, was das wäre. Der aber sagte ihm: Dein Bruder ist gekommen, und dein Vater hat das gemästete Kalb geschlachtet, weil er ihn gesund wiederhat. Da wurde er zornig und wollte nicht hineinge-

Liebe Kinder

Jesus erzählte eine Geschichte: Ein Vater hatte zwei Söhne. Eines Tages sagte der jüngste Sohn zum Vater: *„Ich will nicht hierbleiben, ich will in die weite Welt hinausziehen – gib mir einen Sack Geld!"*
Der Vater hatte beide Söhne sehr lieb. Deshalb gab er dem Jüngsten das, was er verlangte, und ließ ihn ziehen. Der junge Mann zog in ein fernes Land. Das Geld des Vaters gab er schnell aus – für schöne Kleider, gutes Essen und immer neue Freundinnen. Als er kein Geld mehr hatte, kam eine Hungersnot ins Land. Da hütete er die Schweine und hätte vor Hunger gerne von deren Futter gegessen. Er sehnte sich nach Hause zurück, wo die Schüsseln immer voll waren und das Bett weich.
So machte er sich auf den Heimweg und dachte: *„Vielleicht kann ich wenigstens ein Knecht bei meinem Vater sein."*
Sein Vater sah ihn schon von weitem kommen, erkannte ihn, rannte ihm entgegen, fiel ihm voll Freude um den Hals und küsste ihn. Ganz kleinlaut sagte der junge Mann: *„Vater, ich verdiene nicht, dein Kind zu sein."* Da ließ der Vater schöne Kleider bringen, ein Kalb schlachten und sagte: *„Lasst uns essen und fröhlich sein, denn mein Kind war verloren und nun ist es gefunden worden."*
Als der ältere Sohn vom Feld nach Hause kam und hörte, dass für den Bruder ein Fest gefeiert wurde, wurde er zornig und sagte: *„Nie durfte ich ein Fest feiern!"* Der Vater aber sagte: *„Mein Kind, alles was mein ist, das ist auch dein. Sei fröhlich mit uns, denn dein Bruder war verloren und nun ist er wieder bei uns."*

> *Betrachtet die Szene: Was tut der Vater, als er den jüngeren Sohn erkennt? Wo ist der Tisch gedeckt?*

hen. Da ging sein Vater heraus und bat ihn. Er antwortete aber und sprach zu seinem Vater: Siehe, so viele Jahre diene ich dir … und du hast mir nie einen Bock gegeben, dass ich mit meinen Freunden fröhlich wäre … Er aber sprach zu ihm: Mein Sohn, du bist allezeit bei mir und alles, was mein ist, das ist dein. Du solltest aber fröhlich und guten Mutes sein; denn dieser dein Bruder war tot und ist wieder lebendig geworden, er war verloren und ist wiedergefunden.

Lukas 15,11-32
(leicht gekürzt)

Das wartende Herz

Erlauben Sie mir bitte, dass ich aus dieser vertrauten Geschichte nur einen Satz herausnehme, den zwanzigsten Vers:
„Der Vater sah ihn schon von weitem kommen, und er hatte Mitleid mit ihm.
Er lief dem Sohn entgegen … und küsste ihn."
(Lukas 15,20)

„Der Vater sah ihn schon von weitem kommen."

Von weitem kommen sehen …
Türen und Fenster offen halten,
ebenso wie das wartende Herz,
das mehr ahnt und ersehnt, als es weiß, das mit bangem Klopfen auf sich zukommen lässt … Nehmen Sie gerne das auch wörtlich, denn Lebenslinien suchen sich ihren konkreten Ausdruck – daran erkennen wir sie.

Offene Türen
machen sehfähig, schaufähig, wenn wir denn sehen wollen …

Der Vater hatte Mitleid.

Es gibt eine sentimentale Form von Mitleid.
Mitleid, das nicht sieht, nicht wirklich sieht.
Mitleid, das Wirklichkeit vermeidet
und uns in einem Haus der Furcht einschließt.

Wirkliches Mitleid ergreift,
es erfasst Herz und Nieren, ist nüchtern und lässt kommen, was und wer da kommt und lässt uns das eigene Haus verlassen.

Der Vater läuft dem Sohn entgegen.
Das griechische Wort meint wirklich rennen.
Zügig und mutig und bis ins Letzte entschieden
dem entgegeneilen, was da kommt.
Statt zu warten: eilen.

Und am Ende der Kuss: Berührung aus Liebe.

Die Wirklichkeit sich zu Herzen nehmen.
Nehmen, was ist.

Mitleid sieht.
Mitleid bringt in Bewegung: zeitnah, klar und unsentimental.
Mitleid bringt in Berührung und nimmt zu Herzen.

Könnte das nicht ein Bild von Kirche sein:
Einen Blick aus der offenen Kirchentür wagen,
Blick überhaupt aus der offenen Tür,
unsentimentales Mitleid,
mutig handelnde Menschen,
die aufeinander zueilen.
Menschen handeln für Menschen.

Eine Kirche, die den Menschen nicht sieht,
ein Priester, der sein Haus nicht verlässt,
Seelsorge, die nicht für den Menschen handelt,
eine Gemeinde, die nicht über ihre Grenzen sieht
– in sehnsüchtiger Ausschau nach dem Menschen –
all das wäre nicht wert, Kirche genannt zu werden.

Kommen sehen,
kommen lassen,
entgegengehen,
zu Herzen nehmen.

Das ist auch ein Weg, mit uns selbst in Frieden zu sein:
Mit offenen Augen und offenem Herzen
dem entgegengehen, wirklich entgegengehen
– sicher und ohne Zaudern –
was sich uns zeigt
– und wenn es der dunkle Bruder oder die dunkle Schwester ist.
Und dann die dunkle Seite sich zu Herzen nehmen.

Und so ist Gott:
er sieht uns kommen,
er lässt uns kommen,
er kommt – rennt – uns entgegen
und nimmt uns sich zu Herzen.

Und es gilt, was der amerikanische Franziskaner Richard Rohr einmal so formuliert hat:
"Quälen wir uns nicht allzu angestrengt,
etwas zu erreichen,
so, als läge die ganze Last
allein auf unseren Schultern!

Gott selbst ist der dunkle Bruder,
der mit uns hinabfährt in die Hölle
und der uns wieder heraufführt in den großen Aufstieg.

Vor dem ersten haben wir Angst.
Das Zweite bezweifeln wir."

Thomas Schwaiger

Bewegung und Berührung

Krippenszenen sind angehaltenes Theater. Von mechanischen Krippen mit fließenden Brunnen und sich drehenden Mühlen einmal abgesehen, gibt es keine Bewegung in der Krippe. Und doch muss deutlich werden, dass dieser Vater dem Sohn entgegenrennt: Eine seiner Fußsohlen ist deshalb sichtbar. Der zweite Fuß steht fest auf dem Untergrund und ist, wie in dieser Krippe üblich, mit einer Stecknadel durchbohrt, die im Styrodur des Fußbodens steckt. Da die „laufende" Figur durch eine zweite, den schuldbewusst gebeugten Sohn, stabilisiert wird, ist das möglich.
Aber ebenso wichtig wie die Bewegung ist die Berührung. Vater und Sohn kommen sich ganz nahe: Der Vater fällt dem Sohn um den Hals, er küsst ihn. Intimer kann eine Begegnung nicht sein. Genau davor schrecken viele Krippenbauer zurück. Doch Figuren, die im immergleichen Abstand zueinander aufgestellt werden und die Hände in die Luft halten, übersetzen mit ihren Gebärden nicht die Emotionen der biblischen Geschichten.
Liebe ist (auch) eine körperliche Erfahrung. Der Vater liebt den Sohn, und der Sohn liebt den Vater, denn er kehrt ja zu ihm zurück. Nur wer sich traut, die beweglichen Körper und Gliedmaßen der Figuren so zu biegen, dass sie einander nahe kommen, nähert sich auch dem biblischen Text. Denn durch das Wort Gottes kommen wir mit Jesus in Berührung, der diese Geschichte erzählt. Die Krippenfiguren wollen uns das vor Augen stellen.

Jesus und die Ehebrecherin

Die Ehebrecherin

Frühmorgens aber kam Jesus wieder in den Tempel, und alles Volk kam zu ihm, und er setzte sich und lehrte sie. Da brachten die Schriftgelehrten und die Pharisäer eine Frau, beim Ehebruch ergriffen, und stellten sie in die Mitte und sprachen zu ihm: Meister, diese Frau ist auf frischer Tat beim Ehebruch ergriffen worden. Mose hat uns im Gesetz geboten, solche Frauen zu steinigen. Was sagst du? Das sagten sie aber, um ihn zu versuchen, auf dass sie etwas hätten, ihn zu verklagen. Aber Jesus bückte sich nieder und schrieb mit dem Finger auf die Erde.
Als sie ihn nun beharrlich so fragten, richtete er sich auf und sprach zu ihnen: Wer unter euch ohne Sünde ist, der werfe den ersten Stein auf sie. Und er bückte sich wieder und schrieb auf die Erde. Als sie das hörten, gingen sie hinaus, einer nach dem andern, die Ältesten zuerst; und Jesus blieb allein mit der Frau, die in der Mitte stand.
Da richtete Jesus sich auf und sprach zu ihr: Wo sind sie, Frau? Hat dich niemand verdammt? Sie aber sprach: Niemand, Herr. Jesus aber sprach: So verdamme ich dich auch nicht; geh hin und sündige hinfort nicht mehr.

Johannes 8,2-11

Liebe Kinder

Jesus wanderte vom Land in die Stadt Jerusalem. Dort ging er an einem frühen Morgen in den Tempel, wo er den Menschen predigte. Da brachten wütende Männer eine schön gekleidete Frau herein. Die Männer sagten, sie sei eine Ehebrecherin, denn sie habe sich heimlich mit einem fremden Mann ins Bett gelegt, mit dem sie nicht verheiratet sei. Diese Frau warfen sie Jesus vor die Füße und riefen: *„Unser Prophet Moses hat gesagt, wir sollen Steine werfen auf die Frauen, die zu fremden Männern gehen. Was sagst du?"*
Jesus wurde nachdenklich. Er bückte sich und schrieb mit seinem Finger Zeichen auf die Erde.
Dann richtete er sich auf und sagte zu den Männern: *„Wer von euch noch nie etwas Falsches getan hat, der soll den ersten Stein auf diese Frau werfen!"*
Dann kauerte er sich wieder nieder und malte mit seinem Finger Zeichen auf den Boden.
Da gingen die Männer still hinaus aus dem Tempel, einer nach dem anderen.
Jesus war jetzt ganz allein mit der Frau im Tempel. Er schaute sie an und fragte: *„Wo sind denn alle hingegangen? Hat dich niemand verurteilt?" „Nein"*, sagte die Frau, *„niemand"*. Jesus sagte zu ihr:
„Dann geh auch du hinaus und ändere dein Leben!"

> *Betrachtet die Szene: Wo findet diese Geschichte statt? Was tun die Männer auf der Treppe? Und wer beugt sich ganz nah zu der Frau?*

Haltung finden

Bei Kursen zur Beichtausbildung angehender Priester biete ich bisweilen folgende Übung an:

Ich lese den Schrifttext der „Ehebrecherin" bis zu der Stelle, wo nur noch Jesus und die die Sünderin, deren Namen wir nicht kennen, auf der „Bühne" sind.

Dann lade ich ein, dass sich ein Gruppenmitglied in die Mitte des leeren Raums begibt, und eine körperliche Haltung dieser Frau sucht und einnimmt (die von innen kommt).

In dieser Haltung gilt es zu verharren: ausgesetzt den inneren Bewegungen und Gefühlen. Stehend, sitzend, kauernd: viele Haltungen sind möglich.
Das geht meistens schnell.

Nun lade ich einen zweiten Darsteller ein, dass er als Jesus behutsam zu der Frau seinen Ort und Abstand sucht.
Das dauert oft länger.

Wer so probiert, spürt, dass es jetzt nicht um „richtig" oder „falsch" geht, nicht um „Tricks" guter Seelsorge (es gibt keine Tricks!).

Wenn derjenige, der die Gestalt Jesu im wahrsten Sinn „verkörpert", seine Nähe (die immer auch Distanz ist) gefunden hat, bitte ich, nach einer körperlichen Geste zu suchen, nicht theatralisch, sondern im Sinne gestalteten Daseins.
Auch das will echt sein, braucht Zeit zum Finden.

Wenn die zwei in ihrer augenblicklichen Haltung und Körperlichkeit sich zueinander verhalten, dann bitte ich die Sünderin und Jesus in Zeitlupe Blickkontakt zueinander aufzunehmen – mit nur kleinster leiblicher Veränderung der Haltung.

Das ist der Moment, wo es fast sakral wird im Gruppenraum.
Das Geschehen findet seine Betrachter innerhalb der Gruppe, die ja im Raum ist.

Abschließend bitte ich nun die beiden Protagonisten „aus der Rolle" zu gehen und dennoch in der Mitte zu bleiben. Ich befrage die beiden „Darsteller" nach dem Erlebten.

Die Sünderin:
„Es tut gut: Einer ist geblieben, nicht weggegangen." …
„Jesus – und das war gut – er will nichts von mir." …
„Jesus ist zu mir auf den Boden gekommen." …
Aber auch das:
„Die heftige Berührung durch Jesus hat mir die Luft genommen, das war zu viel." …
„Ich spürte eine ganz große Freiheit; erlösende Nähe, die nichts will." …
„Nähe, die schweigend hört und erhört." …

Und „Jesus" erzählt von der hilflosen Versuchung etwas „machen" zu wollen.

Es gibt eine ganz stille Form des Glaubens.
Die Form des Schauens und des Sehens.
Über dreihundert Mal gibt es in der Heiligen Schrift eine Aufforderung zum Sehen:
siehe,
seht …
Wir hören auf zu erklären und zu reden.
Wir schauen hin.

Wir schauen es an, das Unverstandene.
Das Unverstandene des Kreuzes,
das oft Unverstandene des Lebens, des Leidens und der Liebe.
Wir schauen es an:
schweigend, keusch und vorsichtig,
konkret und genau
und ohne Scham,
und wir verbieten uns das, was wir Wissen nennen.
Und wir schauen wieder und wieder neu.
Wir geben uns hin in das Schweigen des Augenblicks.
Und so geben wir uns hin dem Unverstandenen.
Und mit dem Sehen
treten wir ohne Umwege ein in eigene Haltung und in eigenes Fühlen.

Große Gesten werden zur schmalen Gebärde,
und wir verstummen,
hören auf zu machen,
lassen geschehen.

Heil geschieht.

Thomas Schwaiger

Wut und Stille

Diese Frau hat sich schön gemacht für einen anderen Mann, der nicht der ihre ist. Männer haben sie erwischt, ergriffen, und Jesus zu Füßen geworfen. Ihr Schleier, ihr kostbarer Mantel sind verrutscht. Ihre Schönheit, ihr Schmuck, ihre Verführungskunst strahlen nicht mehr. Sie hat sich ganz klein gemacht.
Über ihr stehen die wütenden Männer. Sie schreien und eifern. Von oben herab. Jeder hat eine andere Haltung, um seiner Wut, seiner Empörung Luft zu machen. Einer hat schon einen Stein in der Hand, bereit zum Wurf auf die Frau unter ihnen. Und all das im Tempel, wo vor dem Vorhang zum Allerheiligsten fromme Männer beten wollen. Sie fühlen sich gestört, verlangen Ruhe. Einige tuscheln miteinander. Was haben sie mit der Frau zu schaffen? Was *hatten* sie mit ihr?
Im Zentrum, auf den Stufen des siebenarmigen Leuchters, kauert Jesus. Hier, im Licht, ist es ganz still. Nachdenklich schreibt Jesus hebräische Buchstaben auf den Boden (ein Papier mit hebräischen Schriftzeichen liegt unter dünnem Sand). Er hat sich hinabgebeugt zu der Frau: Das ist sein Perspektivenwechsel. So führt er mit der Frau ein Gespräch auf Augenhöhe! Danach wird er sich aufrichten und mit einem Satz alle Ankläger zum Schweigen und zum Gehen bringen. Die Krippenszene fokussiert einen winzigen Augenblick. Einer fehlt in der erzählten Geschichte: Der Mann, der mit dieser Frau die Ehe gebrochen hat. Am Fuß der Treppe sitzt einer, im Dunkeln, kaum zu erkennen, der die Hände vors Gesicht schlägt.

Vertreibung der Händler aus dem Tempel

Die Tempelreinigung

Und Jesus ging in den Tempel hinein und trieb hinaus alle Verkäufer und Käufer im Tempel und stieß die Tische der Geldwechsler um und die Stände der Taubenhändler und sprach zu ihnen: Es steht geschrieben (Jesaja 56,7): „Mein Haus soll ein Bethaus heißen"; ihr aber macht eine Räuberhöhle daraus. Und es kamen zu ihm Blinde und Lahme im Tempel, und er heilte sie.

Matthäus 21,12-14

Und sie kamen nach Jerusalem. Und Jesus ging in den Tempel und fing an, hinauszutreiben die Verkäufer und Käufer im Tempel; und die Tische der Geldwechsler und die Stände der Taubenhändler stieß er um und ließ nicht zu, dass jemand etwas durch den Tempel trüge. Und er lehrte und sprach zu ihnen: Steht nicht geschrieben (Jesaja 56,7): „Mein Haus wird ein Bethaus heißen für alle Völker"? Ihr aber habt eine Räuberhöhle daraus gemacht.

Markus 11,15-17

Und er ging in den Tempel und fing an, die Händler hinauszutreiben, und sprach zu ihnen: Es steht geschrieben (Jesaja 56,7): »Mein Haus wird ein Bethaus sein«; ihr aber habt es zur Räuberhöhle gemacht. Und er lehrte täglich im Tempel.

Lukas 19,45-47a

Und das Passafest der Juden war nahe, und Jesus zog hinauf nach Jerusalem. Und er fand im Tempel die Händler, die Rinder, Schafe und Tauben verkauften, und die Wechsler, die da saßen. Und er machte eine Geißel aus Stricken und trieb sie alle zum Tempel hinaus samt den Schafen und Rindern und schüttete den Wechslern das Geld aus und stieß die Tische um und sprach zu denen, die die Tauben verkauften: Tragt das weg und macht nicht meines Vaters Haus zum Kaufhaus!

Johannes 2,13-16

Liebe Kinder

Jesus ging oft in den Tempel in Jerusalem, um zu beten. Einmal im Jahr ging es dort sehr laut zu. Dann verkauften Händler ihre Rinder, Schafe und Tauben als Opfergaben für das jüdische Pessachfest. Bei diesem Fest erinnert sich das jüdische Volk daran, dass Gott vor langer Zeit alle aus der Gefangenschaft in Ägypten befreit hat. Deshalb war der Tempel vor dem Fest eine große Markthalle.

Da wurde Jesus wütend über das Treiben im Gotteshaus. Er machte sich aus einem Strick eine Peitsche und trieb damit die Händler und die Geldwechsler aus dem Tempel hinaus.
„Macht nicht das Haus meines Vaters zu einem Kaufhaus!" sagte er zu den Taubenhändlern. *„Mein Haus soll ein Haus des Gebetes sein für alle Völker, ihr aber macht eine Räuberhöhle daraus!"*

Als wieder Ruhe eingekehrt war im Tempel, da kamen Blinde und Lahme zu ihm, und er heilte die Kranken.

- *Betrachtet die Szene: Was tun die Händler im Tempel? Siehst du die Geldkasse auf dem Boden? Was tut Jesus?*
- *Warum nennt Jesus den Tempel „Haus meines Vaters"?*

Mut zur Wut

Die „Reinigung des Tempels“: Alle vier Evangelien berichten darüber.

Zwei Räume werden uns vorgestellt:
Die Räuberhöhle und das Gebetshaus.
Zwei Lebensvollzüge in einem Raum: im Tempel.

Eine Räuberhöhle ist Raum versteckter Beute und dunkler Handelsware, so etwas wie das Darknet heute,
Ort derer, die mit dem Leben Handel treiben,
Ort der Ausnützer und der Gewinn-Maximierer,
Ort der Lüge und angestauter Lebenslüge,
und Raum der unerlösten Selbstaufwerter.
Ein vollgestopfter Ort. Vor allem das.

Und da gibt es den zweiten Raum, den Tempel – wie er gemeint ist: das Gebetshaus der Leere.
Ich mag gerne hier sagen: die Gotteshöhle.
Biblisch ist „Höhle“ ja auch ein Ort der Gottesbegegnung,
Ort der Berufung, Ort der inneren Bewegung,
Ort der Nacht und des Dunkels,
Ort der Sicherheit im Unsicheren.
Vor allem Ort der konzentrierten Leere:
Ort des „verschwebenden Schweigens“
sagt die Schrift in der Übersetzung von Martin Buber. (1 Könige 19,12)
Ort der Bereitschaft zur Annahme.

Räuberhöhle - Gotteshöhle …

Und da ist Jesus.
Er hat Mut.
Er hat Wut.

Er schmeißt aus der Höhle raus, was den Räubern gehört: alles Erbeutete, Bezahlbare und Kaufbare, das Geld. Die Händler selbst treibt er hinaus. Vor allem die Geschichte im Johannesevangelium erzählt das sehr drastisch.

Im Gotteshaus lässt sich kein Handel treiben – auch nicht mit der Münze der Selbst-

gefälligkeit oder vermeintlicher geistlicher Berechenbarkeit.
„Gottesraum": das ist kein Ort selbstberuhigender Sicherheit.
Es ist Ort des Seins,
des Erbarmens,
des Bekenntnisses zu sich selbst und zu Gott in Einem.

Ich mag den wütenden Jesus sehr – den „wilden Mann". Weil er Wut und Selbstbehauptung im Gottesraum verortet.

Nach Jesu wütendem Auftreten – so im Evangelium nach Matthäus – betreten die Lahmen und Blinden ohne Verzug und unmittelbar den leer gewordenen Raum, diejenigen die keine Münze in der Tasche haben.

In Jesu Nähe:
Menschen gehen die Augen auf und Lahme beginnen zu gehen.
Das ist der Weg vom Schein zum Sein,
der Weg von der Lüge zum Echten.
Das ist Befreiung und Aufbruch.

Und das ist Bedrohung für alle, die gelehrt meinen zu wissen, wie Leben „geht".

In Thailand hat Papst Franziskus zu Jugendlichen gesagt: „Das sind schöne Dinge: gehen und beten. Beides muss getan werden. Ein junger Mensch kann nicht im Alter von zwanzig Jahren in Rente gehen."
Im geistlichen Leben gibt es gar keine Rente, weil es für den Kern des Lebens keine Münze gibt,
nichts zu kaufen, kein Handel …

Habe nur Mut,
Mut zur Wut.

Wüte dabei nicht gegen dich (das wäre ein schreckliches Missverständnis), aber schmeiß über Bord alles, womit du inneren Handel treibst und dich selbst (und damit andere) um das Leben betrügst.

Wir stehen nicht hinter einem Verkaufsstand. Wir fangen an mit betenden Augen zu sehen und eigenfüßig zu gehen.

Thomas Schwaiger

Umsturz im Tempel

Es gibt leise Krippenszenen, die strahlen Stille aus. Und andere Szenen sind laut und unruhig. Hier geht es zu wie in einer öffentlichen Markthalle, in der alles auf den Kopf gestellt wird. Denn bei der Tempelreinigung werden nicht nur Tische und Stühle umgestürzt, sondern auch eine Art traditionelle Ordnung, die bisher galt, wird nun außer Kraft gesetzt. Im Mittelpunkt des Tempelraumes steht Jesus mit der Kippa des gläubigen Juden auf dem Kopf, und er selbst wirft den Tisch der Geldwechsler um – die Kasse liegt schon am Boden, wo einer die Münzen einsammelt. Einer beruhigt die blökenden Schafe, ein anderer zieht das widerspenstige Kalb am Strick die Treppe hinauf. Andere Männer diskutieren und protestieren gegen die Aktion. Und aufgeregt flattert eine weiße Taube im Raum, die aus dem Käfig entkommen ist. Wer könnte hier singen und beten? Allenfalls ein Stoßgebet wäre möglich.
Jesus ist wütend. Seine Peitsche (ein mit Stoff ummantelter Draht), womit er seine Wut ausdrückt, ist im Schwung angehalten. Weil das geschnitzte Jesus-Gesicht einen sanften Ausdruck hat, muss die Figur unbedingt mit dem Rücken zum Betrachter aufgestellt werden. Nur durch Gesten wird die Wut glaubhaft dargestellt. Die Szene wirkt besonders gut in Zeiten, wenn der Kirchenraum still ist. Dann ist der von Jesus aufgezeigte Gegensatz zwischen Gotteshaus und Markthalle besonders groß.

Die Gefangennahme Jesu

Der Judas-Kuss

Und sie kamen zu einem Garten mit Namen Gethsemane … Und alsbald, während er noch redete, kam herzu Judas, einer von den Zwölfen, und mit ihm eine Schar mit Schwertern und mit Stangen, von den Hohenpriestern und Schriftgelehrten und Ältesten. Und der Verräter hatte ihnen ein Zeichen genannt und gesagt: Welchen ich küssen werde, der ist's; den ergreift und führt ihn sicher ab.

Und als er kam, trat er alsbald zu ihm und sprach: Rabbi!, und küsste ihn. Die aber legten Hand an ihn und ergriffen ihn. Einer aber von denen, die dabeistanden, zog sein Schwert und schlug nach dem Knecht des Hohenpriesters und hieb ihm ein Ohr ab. Und Jesus antwortete und sprach zu ihnen: Seid ihr ausgezogen wie gegen einen Räuber mit Schwertern und mit Stangen, mich gefangen zu nehmen? Ich bin täglich bei euch im Tempel gewesen und habe gelehrt, und ihr habt mich nicht ergriffen. Aber so muss die Schrift erfüllt werden. Da verließen ihn alle und flohen.

Und ein junger Mann folgte ihm nach, der war mit einem Leinengewand bekleidet auf der bloßen Haut; und sie griffen nach ihm. Er aber ließ das Gewand fahren und floh nackt.

Markus 14,32a;43-52

Liebe Kinder

Als es dunkel war ging Jesus mit drei Freunden in den Garten Gethsemane, der lag in einem Tal bei Jerusalem. Dort unter den Bäumen wollte er beten, denn er ahnte, dass man ihn bald gefangen nehmen würde.

Plötzlich tauchte Judas auf, der zu den zwölf Jüngern Jesu gehörte. Er kam mit einigen Männern, die trugen Schwerter und Stangen. Diesen Männern hatte Judas gesagt: *„Derjenige, den ich küssen werde, der ist es!"*

Und Judas ging ganz nah an Jesus heran. Er sagte: *„Meister!"* – und küsste ihn. Da stürzten sich die Männer auf Jesus und hielten ihn fest. Und Jesus sagte: *„Ihr seid also mit Schwertern und Stangen ausgezogen, um mich wie einen Räuber zu fangen? Jeden Tag war ich im Tempel und habe gepredigt – dort habt ihr mich nicht gefesselt. Aber so steht es ja schon in der heiligen Schrift, dass es so geschehen soll."* Da bekamen die Jünger Angst, nahmen Reißaus und flohen davon.

Nur ein junger Mann, der ein langes Gewand aus Leinen trug, folgte Jesus. Da wollten die Männer auch ihn gefangen nehmen. Der junge Mann aber schlüpfte schnell aus seinem Gewand und floh nackt in die Nacht hinaus.

> *Betrachtet die Szene: Wohin ist Jesus mit drei Jüngern in der Nacht gegangen? Und was geschieht zwischen Jesus und Judas?*

Einer von uns

Ratlos betrachte ich Judas.
Ich bin voller Fragen.

Immer und immer wieder lese ich den biblischen Text in seiner griechischen Form. Das Wort Verrat/Verräter kommt dort nicht vor. Das griechische Wort, das oft (auch von Martin Luther) mit „verraten" übersetzt wird, bedeutet „übergeben".
Das klingt fast milde.

„Einer von euch wird mich übergeben", sagt Jesus im Abendmahlssaal. Alle (!) zucken zusammen: „Doch nicht ich?"
Jeder hält es für sich für möglich.

Und es ist möglich. Petrus bekommt von Jesus die Verheißung: Dreimal wirst du mich verleugnen. So ist es dann auch gekommen.

Es ist Judas, der Jesus küsst als Zeichen der „Übergabe". Und es ist merkwürdig: die Küsse des Judas sind überreichlich: „Er küsste ihn ab" heißt es im Griechischen.
Ist das ein böser Mensch?
Ich habe keine Antwort.

Ab diesem Moment ist im Evangelium nach Markus Judas schlicht eliminiert: Er wird totgeschwiegen, sein Name kommt nicht mehr vor. Nach der Auferstehung wird statt von den „Zwölf" von den „Elf" geredet.

Judas und Petrus: von beiden sagen wir, sie haben den Herrn verraten.
Der eine wird Papst,
der andere erhängt sich (so das Matthäusevangelium).
Peter ist in Deutschland ein beliebter Vorname,
Judas ist als Vorname verboten.

Ich verstehe das nicht. Das gibt Rätsel auf.
Petrus: der HEILIGE;
Judas,
der Hand in Hand mit Jesus und Petrus und den anderen durch das Land gezogen war, der geheilt und gebetet und sicher geliebt hat, ist der vom Satan Besessene,
Bild des Bösen schlechthin?

Judas ist einer von uns.
Wir alle könnten es sein.
„Doch nicht ich!" sagen wir.
Und doch heißen wir „Judas".

Der Dichter Kurt Marti redet in einem Gedicht Judas an:
„... ich denke dir nach / ach was war dein EINER Verrat / gegen die VIELEN der Christen und Kirchen, / die dich verfluchen. / Ich denke dir nach ..."

Und noch eine Besonderheit des Textes nach Markus:
Unmittelbar nach Jesu Gefangennahme – alle sind geflohen.
Nur ein junger Mann folgt Jesus.
Die Soldaten greifen nach ihm,
er verliert sein Gewand.
(Martin Luther übersetzt: „Er ließ das Gewand fahren und floh nackt.")

Warum diese kleine Anekdote?
Wer ist dieser nackte Mann?
Auch das ist geheimnisvoll.
Vielleicht sind das wir.
Vielleicht müssen wir alles „fahren lassen",
uns nackt und bloß in den Garten Gethsemane begeben,
uns nackt und bloß einem Geschehen von Liebe und Verrat stellen,
das man nicht begreifen kann.

Nackt – ohne jede Sicherung – dem Judas nach-denken.

GOTT nach-denken.

Thomas Schwaiger

Der gelbe Mantel

Es ist dunkel auf der Krippenbühne. Ein stämmiger Baum aus einer Hainbuche, bestückt mit Olivzweigen, deutet den nächtlichen Garten an, wo nur die Begegnung von Judas und Jesus ins Licht gesetzt ist. Das Entscheidende soll ins Auge springen. Hier wird über zwei Lebenswege entschieden.

Das Besondere ist diese Nähe, die Judas ein letztes Mal sucht, und wie Jesus diesem Ansinnen standhält, die Umarmung aushält. Judas trägt einen weiten Mantel, einen gelben Umhang - er ist sozusagen „gelb vor Neid". Die Farbwahl deutet an: Möglicherweise ist Judas enttäuscht, weil Jesus nicht immer so gehandelt hat, wie er es für richtig befand. Vielleicht hätte Judas gerne eine wichtigere Rolle unter den Jüngern gespielt? Er ahnt wohl selbst nicht ganz, welchen Stein er hier und jetzt ins Rollen bringt. In jedem Fall hüllt Judas nicht nur sich selbst in dieses Tuch, sondern nimmt Jesus mit hinein. Eine Begegnung von großer körperlicher Nähe, bevor sich die Wege trennen.

Abstand halten die anderen Jünger. Rechts spricht Johannes zu den Bewaffneten, die im Licht einer Fackel heranrücken. Links wenden sich Petrus und Jakobus schon zum Gehen. Sie fliehen feige in die Dunkelheit, ihnen wird es hier zu brenzlig. Und wo stehen wir?

Die Übergabe Jesu an Pilatus

Jesus vor Pilatus

Am Morgen aber hielten alle Hohenpriester und die Ältesten des Volkes einen Rat über Jesus, dass sie ihn töteten, und sie banden ihn, führten ihn ab und überantworteten ihn dem Statthalter Pilatus … Jesus aber wurde vor den Statthalter gebracht; und der Statthalter fragte ihn und sprach: Bist du der König der Juden? Jesus aber sprach: Du sagst es. Und als er von den Hohenpriestern und Ältesten verklagt wurde, antwortete er nichts. Da sprach Pilatus zu ihm: Hörst du nicht, was sie alles gegen dich vorbringen? Und er antwortete ihm nicht auf ein einziges Wort, sodass sich der Statthalter sehr verwunderte.
Zum Fest aber hatte der Statthalter die Gewohnheit, dem Volk einen Gefangenen loszugeben, welchen sie wollten. Sie hatten aber zu der Zeit einen berüchtigten Gefangenen, der hieß Jesus Barabbas. Und als sie versammelt waren, sprach Pilatus zu ihnen: Welchen wollt ihr? Wen soll ich euch losgeben, Jesus Barabbas oder Jesus, von dem gesagt wird, er sei der Christus? … Sie sprachen: Barabbas! Pilatus sprach zu ihnen: Was soll ich dann machen mit Jesus, von dem gesagt wird, er sei der Christus? Sie sprachen alle: Lass ihn kreuzigen! Er aber sagte: Was hat er denn Böses getan? Sie schrien aber noch mehr: Lass ihn kreuzigen! Da aber Pilatus sah, dass er nichts ausrichtete, sondern das Getümmel immer größer wurde, nahm er Wasser und wusch sich die Hände vor dem Volk und sprach: Ich bin unschuldig am Blut dieses Menschen; seht ihr zu! Da antwortete alles Volk und sprach: Sein Blut komme über uns und unsere Kinder! Da gab er ihnen Barabbas los, aber Jesus ließ er geißeln und überantwortete ihn, dass er gekreuzigt werde.

Matthäus 27,1-2.11-17.21-26

Liebe Kinder

Am Morgen wurde Jesus als Gefangener vor den römischen Statthalter Pilatus gebracht – er war als oberster Beamter der Vertreter des römischen Kaisers, der über das Land herrschte. Pilatus fragte Jesus: *„Bist du der König der Juden?"* Jesus antwortete: *„Du sagst es."* Pilatus fragte noch einmal: *„Hörst Du nicht, was sie alles gegen dich sagen?"* Jesus antwortete kein einziges Wort und schwieg.
All das geschah kurz vor dem Pessachfest, an dem sich das jüdische Volk daran erinnert, dass Gott vor langer Zeit alle aus der Gefangenschaft in Ägypten befreit hatte. Zu diesem Fest war es üblich, einen Gefangenen frei zu lassen. Deshalb fragte Pilatus das Volk: *„Wen soll ich freilassen? Den Gefangenen Barabbas, (der bekannt war für seine bösen Taten), oder Jesus, der Christus genannt wird?"* Da riefen die Menschen: *„Barabbas!"* Und Pilatus fragte: *„Was soll ich dann mit Jesus machen?"* Da riefen alle: *„Kreuzige ihn!"* Pilatus fragte noch einmal nach: *„Was hat er denn Böses getan?"* Da riefen die Menschen noch lauter: *„Kreuzige ihn!"* Als Pilatus sah, dass das Getümmel immer größer wurde, nahm er eine Schüssel mit Wasser, wusch sich die Hände und sagte: *„Ich bin unschuldig an seinem Tod! Seht ihr zu, wie ihr damit zurechtkommt!"*

> *Betrachtet die Szene: Woran erkennt ihr, dass Jesus ein Gefangener ist? Wer fordert den Tod Jesu? Warum wäscht sich Pilatus die Hände?*

Wo ist unser Ort?

Hosianna, dem Sohne Davids …
Jubelchor beim Einzug Jesu in Jerusalem.

Es singen die Stummen, deren Zunge gelöst wurde,
die von Lähmung Geheilten gehen zum Tanz,
die Gebeugten richten sich auf, Blinde schauen sich in die Augen.
Der heimgekehrte Schweinehirt singt mit dem Vater,
die Befreiten singen im Chor, ein Zöllner tanzt,
der Ausländer aus dem Grenzland singt in seiner Muttersprache.
Die Sünderin trägt ihr schönstes Kleid, denn ihr wurde vergeben.

Ein Fest!
Und irgendwann in dieser Zeit des Festes
der bittere und hassschäumende Schrei!
Jesus muss weg!
Kreuzige ihn!
Ein Schrei, der sich vervielfacht.

Die Menge will nichts zu tun haben mit dieser Gemengelage Geretteter und Geheilter.
Die Menge: das sind die Vorsichtigen und Korrekten, die Daheimgebliebenen, die sich eingerichtet haben in Ihren Schubladen des Denkens und Dürfens.
Diese Menschen wittern Verrat
und sie antworten mit dem Ruf des Hasses:
Weg mit ihm – ans Kreuz.
Jesus muss weg.

Gehen wir vorsichtig in dieses Szenario hinein.

Was geht das uns an?
Wo ist unser Ort?

Schließen wir verkniffen oder peinlich verschämt die Augen und schauen weg?

Oder sind wir bereit, dem sich erhebenden Leben bei der Arbeit zuzuschauen,
dem Leben wie es ist und wie es sich zeigt – nicht zuletzt in uns selbst. Setzen wir uns für das Leben ein, für all das, was in uns singen und aufstehen will? In uns – und ganz sicher auch neben uns.
Das ist eine Frage. Eine gefährliche noch dazu.

Denn wer sich einsetzt, setzt sich aus.
Am Ende das Kreuz –
selbst geschleppt und getragen vom gerade noch besungenen Herrn.

Am Ende schleppen ein paar Freunde den Leichnam Jesu zu seinem Grab.

Die Einladung zur Kreuzverehrung
mag ich für Karfreitag so formulieren:
Lasst uns an das Kreuz Jesu treten
und schleppen auch wir
das Tote und Abgestorbene, das Enttäuschte
und vielleicht von uns selbst und an uns selbst Verratene
nach vorne an den Altar
und legen wir es neben dem Kreuz Jesu ab.
Und wer nicht mehr schleppen kann, für den tragen wir mit.

Ich sage mit Bedacht: „schleppen"!
Das ist Arbeit und geht nicht nebenher.

Gott selbst schleppt mit.

So spricht der Herr:
Bis in euer Alter, bis zum grauen Haar, werde ich schleppen.
Ich habe es getan und ich werde tragen,
ich werde euch schleppen und retten.
So sagt Jesaja. (Jesaja 46,4f)

Gott selbst schleppt seinen toten Sohn, und dich und mich.
Gott schleppt unser Totes und Abgestorbenes und Verratenes
ins Heilige Grab,
dass wir es anschauen.

Wir können das!

Denn Gott selbst schaut hin, damit wir es vermögen.

Thomas Schwaiger

Wütende Menge

Im Evangelium sind die Rollen klar verteilt: Auf der einen Seite Pilatus, der verstehen will, nachfragt – und schließlich resigniert: Ich wasche meine Hände in Unschuld, will heißen: Ich habe damit nichts zu tun! Die weiße Toga, Säulen-Architektur und Räucherschalen (mit beleuchteten Salzsteinen) markieren die Macht der Römer.
Auf der anderen Seite eine wütende Menge, die immer lauter schreit: Kreuzige ihn! Und mittendrin Jesus, der sich nicht verteidigt, der nicht erklärt, der stumm bleibt, aber aufrecht steht! Welche Haltung bei all dem, was in diesem Moment auf ihn einstürmt! Er bleibt der Erwartende auf das Kommende.
Als Krippenbauerin suche ich zuweilen die Inspiration durch Künstler. Jahrhunderte hindurch wurde dieses Evangelium gemalt (und dank des Internets lassen sich Bilder zu Bibelstellen leicht finden und betrachten). Mihály von Munkácsy (1844–1900) hat die Bewegung der schreienden und spottenden Schar drastisch dargestellt, indem ein Soldat die Menschen mit seiner langen Lanze in Schach hält. Dieses Detail habe ich zum Ordnungsprinzip meiner Szene gemacht: An der Treppe will die wütende Menge in den Saal stürzen, wird aber vom Soldaten mit seiner Waffe in die Schranken verwiesen. In der Mitte zwischen Pilatus und der Menge steht Jesus im Licht – der leere Raum um ihn hebt seine aufrechte Haltung, aber auch seine Einsamkeit hervor. Wer angeklagt wird, steht allein gegen viele.

Das Begräbnis Jesu

Jesu Grablegung

Und siehe, da war ein Mann mit Namen Josef, ein Ratsherr, der war ein guter und gerechter Mann. Der hatte ihren Rat und ihr Handeln nicht gebilligt. Er war aus Arimathäa, einer jüdischen Stadt, und wartete auf das Reich Gottes. Der ging zu Pilatus und bat um den Leib Jesu und nahm ihn herab vom Kreuz, wickelte ihn in ein Leinentuch und legte ihn in ein Felsengrab, in dem noch nie jemand gelegen hatte. Und es war Rüsttag, und der Sabbat brach an. Es folgten aber die Frauen nach, die mit ihm gekommen waren aus Galiläa, und sahen das Grab und wie sein Leib hineingelegt wurde. Sie kehrten aber um und bereiteten wohlriechende Öle und Salben. Und den Sabbat über ruhten sie nach dem Gesetz.

Lukas 23,50-56

Josef nahm den Leichnam und hüllte ihn in ein reines Leinentuch. Dann legte er ihn in ein neues Grab, das er für sich selbst in einen Felsen hatte hauen lassen. Er wälzte einen großen Stein vor den Eingang des Grabes und ging weg.

Matthäus 27,59-60

Liebe Kinder

In Jerusalem lebte ein Mann mit Namen Josef, der war ein jüdischer Ratsherr und stammte aus der Stadt Arimathäa. Heimlich war er ein Jünger Jesu – aber er hielt das aus Furcht vor seinen Nachbarn geheim. Er gehörte nicht zu der Menschenmenge, die Jesus anklagte und schrie: *„Kreuzige ihn!"*
Nachdem Jesus nachmittags um drei Uhr am Kreuz gestorben war, ging dieser Josef zu Pilatus, der als Statthalter der Vertreter des römischen Kaisers war. Von ihm bekam Josef die Erlaubnis, Jesu Leib vom Kreuz abzunehmen und ihn in ein Grab zu legen. Das war am Abend, bevor der Sabbat begann, der jüdische Ruhetag der Woche. Josef hüllte den Leib Jesu in ein weißes Leintuch, wie es damals üblich war, und legte ihn in eine Felsenhöhle, in der noch nie ein Toter gelegen hatte. Mit dabei waren die Frauen, die Jesus aus Galiläa gefolgt waren und die auch unter dem Kreuz gestanden hatten. Sie begleiteten Josef und sahen, wie er den Leib Jesu in die dunkle Höhle legte und wie er diese Höhle mit einem großen Stein verschloss. Danach gingen die Frauen nach Hause, um duftende Salben und Öle vorzubereiten, denn sie wollten in der neuen Woche noch einmal zur Felsenhöhle gehen und den Leib Jesu salben. Es begann der Sabbat, der siebte Tag der Woche, und alle ruhten zu Hause, wie es das jüdische Gesetz vorschreibt.

> *Betrachtet die Szene: Was tun die Männer und Frauen in der dunklen Höhle?*

> *Wie nennen wir den Freitag, an dem Jesus gestorben ist und begraben wurde? Und warum läuten an jedem Freitagnachmittag um drei Uhr die Glocken?*

Gott ohne Gott?

Der Karfreitag hat eine besondere Stimmung.
Der Tabernakel ist leer, das Weihwasser vertrocknet,
das ewige Licht erloschen.
Als ob Gott uns abhanden gekommen wäre.

Mein Gott, mein Gott,
warum hast du mich verlassen.
Hat Gott die Welt verlassen? –
Ja – er hat!

In der jüdischen Mystik der Kabbala gibt es einen interessanten Gedanken aus dem 16. Jahrhundert. Juden nennen diese Idee: Zimzum. Man könnte sie etwa so wiedergeben:

Anfangs – als alles unendlich war und erfüllt von göttlichem Licht –
wollte Gott
– der Unendliche und Ewige –
Platz machen für sein Schöpfungswerk,
damit es überhaupt möglich würde.
ER zog sich daher aus Liebe aus der Mitte zurück
und schuf in seiner eigenen Mitte
unbesetzten und leeren und dunklen Urraum.
Gleichsam Tag „Null" der Schöpfungsgeschichte.
Notwendig, damit etwas werden könne, was nicht Gott ist.

Nur einen Strahl seines Lichtes ließ Gott übrig. Und Gott – der Unendliche – ließ den Menschen werden und gab ihm die gottentleerte Welt, die nun sterblich war,
dass er Mitschöpfer werde in diesem leeren, erschreckenden Raum,
der geborgen ist im göttlichen Licht.

Gott bietet uns Platz an –
und „wir sind so frei" sagen wir und nehmen Platz. Und so kam auch die Sünde in die Welt: weil wir frei sind.

Kein Gott in der Welt. Gottesleerer Raum.
Der Freiheit wegen.

Der Tabernakel ist leer, das Weihwasser vertrocknet, das ewige Licht erloschen.

In der Mitte dieses Raumes unserer Freiheit
sehen wir erschüttert das Kreuz.
Gehorsam schauen wir hin.
Mit dem Sohn, dessen Vater das Ur-Licht ist, sprechen wir:
Mein Gott, warum hast du mich verlassen.

Obwohl er der Sohn war, hat er durch Leiden den Gehorsam gelernt. – So der Hebräerbrief (Hebräer 5,8).

ER, dem wir mit Palmzweigen zujubelten,
gab sein Leben dem Tod preis:
der Freiheit wegen,
der Liebe wegen,
der Sünde wegen
und der Vergebung wegen.
Mein Königreich ist nicht von dieser Welt.
Und: Liebet einander!

Es ist vollbracht.

Gott hat uns Platz gemacht, damit wir einander lieben.

Das ist unser Auftrag.
Das mutet er uns zu.

Wir sagen JA
und wir beugen das Knie,
wir erheben uns im Schatten des Kreuzes
der Freiheit wegen
und schaffen Welt:
der Liebe wegen,
der Zukunft wegen,
der Barmherzigkeit wegen.

Wir suchen Frieden und wir erleiden Krieg,
wir bauen Häuser und erleiden Armut.
Wir sprechen:
Vergib uns unsere Sünden,
wie auch wir vergeben unseren Schuldigern.
Anders geht es nicht.

Gott hat die Welt verlassen.
Gott hat uns Platz gemacht:
der erschütternden Freiheit wegen,
die er uns so gab.

Vielleicht hat Gott etwas Lichtstaub dagelassen.
Goldstaub.
Jetzt kommt es darauf an,
hineinzublasen in den Staub,
damit er sich verteilt.

Aber das ist dann schon die Geschichte von Ostern.

Thomas Schwaiger

In dunkler Höhle

Gefertigt wurde die Höhle aus dicken Styrodur-Platten, die mit „Krippenmörtel" verputzt sind – einer Mischung aus Gips, Wasser, etwas Holzleim und Pigment. Zwischen den senkrecht hintereinander gestaffelten Platten, die den Raum bilden, fällt durch eine Öffnung von oben etwas kaltes Licht auf das weiße Leintuch, in das der Leichnam gehüllt ist. Die Augen des geschnitzten Jesus-Gesichtes sind mit einer dünnen, hautfarbenen Wachsschicht überdeckt. Nur wenig Platz ist für den Garten, links öffnet sich ein Felsspalt dorthin. Und das kleine Feuer der Fackel, die einer in der Hand hält, verstärkt mit seinem warmen Licht noch die Kälte, die in dieser Szene herrscht.
Vorbild dieser Darstellung ist die meisterliche „Grablegung" aus Neapel (zweite Hälfte 18. Jahrhundert) im Bayerischen Nationalmuseum.
Wenn wir Jesu Tod ganz begreifen wollen, so wie es die Jüngerinnen und Jünger damals begreifen mussten, dann müssen wir hinabsteigen in dieses Grab. Wir müssen wie sie zuschauen, wie der tote Leib hineingelegt wird in die Dunkelheit, wie er auf kalten Stein gebettet wird. Deshalb nimmt die Höhle den gesamten Krippenraum ein. Wir stehen sozusagen selbst im Grab, wenn wir als Zuschauer in die Krippe blicken.

Das leere Grab am Ostermorgen

Jesu Auferstehung

Aber am ersten Tag der Woche sehr früh kamen die Frauen zum Grab und trugen bei sich die wohlriechenden Öle, die sie bereitet hatten. Sie fanden aber den Stein weggewälzt von dem Grab und gingen hinein und fanden den Leib des Herrn Jesus nicht. Und als sie darüber ratlos waren, siehe, da traten zu ihnen zwei Männer in glänzenden Kleidern. Sie aber erschraken und neigten ihr Angesicht zur Erde.
Da sprachen die zu ihnen: Was sucht ihr den Lebenden bei den Toten? Er ist nicht hier, er ist auferstanden. Gedenkt daran, wie er euch gesagt hat, als er noch in Galiläa war und sprach: Der Menschensohn muss überantwortet werden in die Hände der Sünder und gekreuzigt werden und am dritten Tage auferstehen.
Und sie gedachten an seine Worte. Und sie gingen wieder weg vom Grab und verkündigten das alles den Elf und allen andern Jüngern. Es waren aber Maria Magdalena und Johanna und Maria, des Jakobus Mutter, und die andern Frauen mit ihnen; die sagten das den Aposteln. Und es erschienen ihnen diese Worte, als wär's Geschwätz, und sie glaubten ihnen nicht.

Lukas 24,1-11

Liebe Kinder

Der Sabbat, der siebte Tag der Woche, war Ruhetag.
Danach, am ersten Tag der Woche gingen die drei Frauen wieder zu der Felsenhöhle, in die der Leib Jesu gelegen worden war. Ganz früh am Morgen brachten sie ihre duftenden Öle zum Grab, denn sie wollten den Leib Jesu salben. Vor der Felsenhöhle war der schwere Stein weggewälzt. Da gingen sie hinein und sahen: Das Grab war leer!
Ratlos schauten sich die drei Frauen an.
In dem Augenblick erschienen zwei Männer mit hell leuchtenden Gewändern. Die Frauen erschraken vor diesem hellen Licht.
Da sprachen die beiden Männer zu ihnen: *„Was sucht ihr den Lebenden bei den Toten? Er ist nicht hier, er ist auferstanden. Erinnert euch, dass er gesagt hat: ‚Der Menschensohn muss gekreuzigt werden und am dritten Tage auferstehen'."*
Da erinnerten sich die Frauen an die Worte Jesu. *„Der Menschensohn"* – so hatte er sich selbst genannt! Sie sprangen auf, gingen zurück zu den anderen Jüngern und erzählten ihnen, was sie gehört und gesehen hatten. Die Namen der Frauen waren Maria Magdalena, Johanna, und Maria – und noch einige andere Frauen waren dabei. Die Jünger aber glaubten den Frauen nicht und meinten, das sei nur Geschwätz.
Die Frauen hatten jedoch verstanden: Jesus war auferstanden!

> *Betrachtet die Szene: Was liegt am Boden der Felsenhöhle? Und wer spricht mit den Frauen?*

> *Wie heißt das Fest, das wir einmal im Jahr am Tag der Auferstehung Jesu feiern? Und wie heißt der Feiertag, der „erste Tag der Woche", an dem die Christen jede Woche den Tod und die Auferstehung Christi feiern?*

Erfüllte Leere

Der Tod, das Jenseits, das Ewige Leben …
Was erwartet uns?

Die Heilige Schrift hat wenig Interesse an dieser Frage, zumindest nicht an einer Frage nach einem Jenseits, dass ausstaffiert ist mit Wirklichkeiten, die uns hier vertraut sind. Es werden ja Totenerweckungen berichtet, bis hin zur Auferstehung Jesu. Begegnungen mit Menschen, die den Tod erfahren haben. Aber an keiner einzigen Stelle die Frage: Sag mal, was hast du erlebt …

Der Tod und das Jenseits, das ewige Leben … Was erwartet uns?
Wir wissen es nicht!

Wir schauen mit den Frauen des Ostermorgens in das Grab.
Es ist leer.
Wir schauen in die Leere
und hören: Er ist nicht hier.

Wir schauen in das Leere
und hören geheimnisvoll: Was sucht ihr den Lebenden bei den Toten?
Nicht einmal das Tote will sich zeigen, ein Rest, der bestätigt, dass Leben war, bewahrbar zumindest im Totsein.

Oder: Wir sind am Grab des Lazarus,
das Grab, das aufbricht und Lazarus aus dem Tod entlässt.
Und wir hören die Stimme: Löst ihm die Binden, und lasst ihn weggehen.
(Johannes 11,44)
Binden lösen – gehen lassen.
Aber keine Antworten auf Fragen …

Solches Erfahren bleibt Christen nicht erspart.
ABER:
Es ist urchristlicher Glaubenssatz:
Die Leere, die immer auch schmerzhafte Abwesenheit ist, ist gefüllt mit Gott.

Die Leere ist gefüllt mit Gott.
Das ist wiederkehrende Erfahrung,
nicht nur und nicht erst wenn wir auf Gräber schauen:
Wir suchen, wir schauen, wir vermissen unendlich,
wir sind ratlos – bisweilen verzweifelt
oder voller Angst.

Könnte es dann nicht ein Glaubensversuch sein zu sagen:
Diese (meine) Leere – so sehr sie auch schmerzt – ist erfüllt mit Gott.

Ich weiß, das ist schwer.
Es geht dann ja nicht um einen „lieben Gott“, der sagt: Es wird schon wieder.

Es wird ja nicht mehr wie es war.
(Auch solcher Satz ist gültig, nicht nur an Gräbern.)

Könnte es nicht ein Glaubensversuch sein zu sagen:
Diese (meine) Leere ist erfüllt mit Gott.
Ist erfüllt mit dem Gott der Liebe,
einer dunklen, entziehenden Liebe,
die uns aufzurichten vermag, wenn wir nichts mehr sehen und nichts begreifen.

Meine Leere und Verlassenheit ist erfüllt mit Gott,
erfüllt von einem „trotzdem“, das mich leben lässt,
das mich auch lieben lässt in das Dunkel hinein,
über die Grenze hinaus, dorthin, wo wir das Wort „Jenseits“ verwenden.

Jenseits unseres Verstehens,
jenseits unserer Bilder,
jenseits unserer Sprache.

Es gibt ja auch ein Jenseits als Erfahrung mitten im Leben,
dort wo wir sagen:
Ich verstehe nicht,
ich kann nicht fassen,

ich weiß nichts zu reden.
Ich bin so leer.

Könnte es dann nicht ein Glaubensversuch sein zu sagen:
Der Raum dieser (meiner) Leere ist erfüllt mit Gott.

Das Abwesende ist erfüllt mit Liebe.

Mit dem Verfasser des Hebräerbriefes können wir dann sagen:
An solchem Glauben haben wir gleichsam einen Anker für unsere Seele, der sicher ist und fest und hineinreicht in das Innere, hinter den Vorhang … dorthin wo die Toten leben. (Nach Hebräer 6,19)

Er ist doch kein Gott von Toten, sondern von Lebenden; denn für ihn sind alle lebendig.

Thomas Schwaiger

Licht

Die dunkle Grabeshöhle ist verwandelt. Sie ist erfüllt von hellem Licht. Zwei Lichtgestalten (hell beleuchtete Figuren in weißen Gewändern, mit Flügeln aus Federn) weisen auf das Leintuch, ihre Gesten sprechen: Er ist nicht hier, er ist auferstanden.

Wer die Grabeskirche in Jerusalem besucht, der ist zunächst vielleicht enttäuscht. Da ist kein prächtiger Bau mit mächtiger Architektur, da ist kein gerader Weg zu einem Hauptaltar. Vielmehr ist alles verwinkelt, dunkel und kleinteilig. Und im Innersten, im Kern der Grabkapelle – ist Leere. Dieses leere Grab ist der Mittelpunkt des Christentums, auf ihm baut unser Glaube auf. Dieses Grab Christi ist leer, keine Knochen sind darin zu finden, weil Christus auferstanden ist! Deshalb gilt es in dieser Szene, die Leere zu inszenieren.
Schüchtern und ängstlich treten die drei Frauen näher. Ihre Hände halten fest die Salb-Gefäße – Gaben für den Toten. Draußen ist es noch dunkel, sie kommen am frühen Morgen. Drinnen, mitten im Felsgestein, ist Licht – so hell, dass es sie blendet. Sie trauen ihren Augen nicht. Erst als die Erinnerung kommt, was Jesus gesagt hat, beginnen sie zu verstehen.
Diese mit Namen genannten Frauen sind die ersten Zeuginnen von Jesu Auferstehung. Gleich werden sie aufspringen, loslaufen, es den anderen erzählen. Und dann wird sich dieses Licht ausbreiten über die ganze Erde.

Der Auferstandene erscheint Thomas

Thomas

Am Abend aber dieses ersten Tages der Woche, da die Jünger versammelt und die Türen verschlossen waren aus Furcht vor den Juden, kam Jesus und trat mitten unter sie und spricht zu ihnen: Friede sei mit euch! Und als er das gesagt hatte, zeigte er ihnen die Hände und seine Seite. Da wurden die Jünger froh, dass sie den Herrn sahen. Da sprach Jesus abermals zu ihnen: Friede sei mit euch! Wie mich der Vater gesandt hat, so sende ich euch. Und als er das gesagt hatte, blies er sie an und spricht zu ihnen: Nehmt hin den Heiligen Geist! Welchen ihr die Sünden erlasst, denen sind sie erlassen; welchen ihr sie behaltet, denen sind sie behalten. Thomas aber, einer der Zwölf, der Zwilling genannt wird, war nicht bei ihnen, als Jesus kam. Da sagten die andern Jünger zu ihm: Wir haben den Herrn gesehen. Er aber sprach zu ihnen: Wenn ich nicht in seinen Händen die Nägelmale sehe und lege meinen Finger in die Nägelmale und lege meine Hand in seine Seite, kann ich's nicht glauben.
Und nach acht Tagen waren seine Jünger abermals drinnen, und Thomas war bei ihnen. Kommt Jesus, als die Türen verschlossen waren, und tritt mitten unter sie und spricht: Friede sei mit euch! Danach spricht er zu Thomas: Reiche deinen Finger her und sieh meine Hände, und reiche deine Hand her und lege sie in meine Seite, und sei nicht ungläubig, sondern gläubig! Thomas antwortete und sprach zu ihm: Mein Herr und mein Gott! Spricht Jesus zu ihm: Weil du mich gesehen hast, darum glaubst du? Selig sind, die nicht sehen und doch glauben!
Noch viele andere Zeichen tat Jesus vor seinen Jüngern, die nicht geschrieben sind in diesem Buch. Diese aber sind geschrieben, damit ihr glaubt, dass Jesus der Christus ist, der Sohn Gottes, und damit ihr, weil ihr glaubt, das Leben habt in seinem Namen.

Johannes 20,19-29

Liebe Kinder

Am ersten Tag der Woche – das ist für Christen der Sonntag – hatten sich alle Freunde Jesu in einem Saal versammelt. Die Tür war fest verschlossen. Plötzlich war Jesus bei ihnen und sagte: *„Friede sei mit euch!"* Und dann zeigte er ihnen die Wunden an seiner Seite und an seinen Händen und Füßen, darin waren noch die Löcher von den Nägeln am Kreuz zu sehen. Da wurden alle ganz froh, denn sie erkannten, dass es wirklich Jesus war, der bei ihnen war. Und Jesus erklärte ihnen, dass sie nun in die ganze Welt hinausgehen dürften, um den Menschen von Gott zu erzählen. Thomas gehörte auch zu den Freunden von Jesus – er war aber nicht im Saal gewesen. Als die anderen ihm erzählten, dass Jesu bei ihnen gewesen sei, wollte er das nicht glauben. *„Was ich nicht mit meinen eigenen Augen gesehen habe und was ich nicht mit meinen Händen berührt habe, das glaube ich nicht!"* sagte Thomas. Acht Tage später saßen alle wieder zusammen in dem Saal. Diesmal war auch Thomas dabei. Und wieder war Jesus plötzlich bei ihnen und sagte: *„Friede sei mit euch!"* Und dann ging er zu Thomas und sagte zu ihm: *„Nun sieh Dir meine Hände an, nimm deine Hand und berühre meine Wunden! Ich bin wirklich da!"* Da sagte Thomas zu Jesus: *„Du bist mein Herr und mein Gott!"* Und Jesus antwortete: *„Du glaubst also nur, was du sehen kannst? Gesegnet sind diejenigen, die glauben, auch wenn sie mich nicht sehen können!"*

> *Betrachtet die Szene: Was tut Thomas, als Jesus vor ihm steht? Welche Wunden kannst Du erkennen?*

Was glaubst du wirklich?

„Was glaubst du wirklich" –
so fragte mich ein junger sterbenskranker Mann.
Mit Religion und Kirche hatte er nichts im Sinn.
Vor dem Tod hatte er Angst.
Eine Buchantwort wollte er nicht. Und brauchte er nicht.
„Was glaubst du wirklich" – fragte er.
Und meine Antwort war bescheiden,
eher die Antwort eines Kindes.

„Was glaubst du wirklich" –
diese Frage stelle ich als Überschrift über
die Begegnung des Thomas
mit dem Auferstandenen.

Was glaube ich wirklich? –
mit dieser Frage wird mir der Apostel Thomas sehr nahe.
Was bleibt über,
wenn ich meinen Glauben siebe
mit dem Sieb meines Zweifels,
meiner Lebensunsicherheit und meiner Angst?

Was bleibt über, wenn ich nach dem frage,
was in mir wirkt,
wirklich wirkt und wirksam ist.
Was glaube ich wirklich?

Thomas gibt mir in meiner Suchbewegung
eine Richtung vor:
Er sucht die Wunden des Auferstandenen.
Er sucht das, was er kennt: verwundetes Leben.

Und am Ende erkennt er
den Auferstandenen an seinen Wunden.

Wunder-Geschichten
und Wunden-Geschichten
sind so nahe beisammen.

Wunder-Geschichte als die Geschichte,
mit Wunden und Verwundungen und der
Erfahrung von Schuld und Tod
doch zu einem guten Ende zu kommen.

Thomas lehrt mich eines:
Wer seinen eigenen Glauben sucht,
der kommt nicht umhin,
in die Sprachlosigkeit derer zu gehen,
die von Wunden gezeichnet sind.
Wer sich auf den Weg macht,
eigenen Glauben zu suchen und zu finden,
wird um das Verwundete des Lebens keinen Bogen machen;
mehr noch – er wird sagen: Ich will sehen.
Und er wird zeigen: Hier, sieh meine Wunde.

Wer Ostern sucht, kommt um den Karfreitag nicht herum.

Wenn wir uns österlich begegnen, dann ist es sicher nicht falsch, wenn wir zueinander sprechen:
Streck deine Finger aus, hier sind meine verwundeten Hände.
Streck deine Hand aus – und leg sie in mein verwundetes Herz.

Dann mag durch sehende Begegnung
Glaube werden,
wirklicher Glaube,
Glaube der wirkt: „Mein Herr und mein Gott".

Thomas Schwaiger

Die Wundmale

Der polnische Künstler Tadeusz Boruta hat 1996 in Anlehnung an das Bild des „Ungläubigen Thomas" von Caravaggio den Thomas als eindringlich-ehrfürchtig Suchenden gemalt: Thomas, der ein leuchtendes, gelbes Tuch übergeworfen hat, beugt sich über die verwundeten Hände Christi.
Zeige deine Wunde – das ist ein durchgängiges Thema der Künstler vom Mittelalter bis in die Gegenwart. Die Szene des Auferstandenen im Kreis der Jünger ist deshalb für uns so wichtig, weil wir alle unsere Zweifel haben, zu glauben, was wir nicht mit unseren Sinnen überprüfen können. Thomas, genannt der Zwilling, wie es in der Bibel heißt, ist unser Zwillings-Bruder. Und Jesus Christus gibt ihm, der bei der ersten Erscheinung des Auferstandenen nicht anwesend war, eine zweite Chance. Diese Milde Christi ist tröstlich. Der rot gekleidete Johannes, ganz rechts, verweist auf die Schrift, die wir lesen können.
Die Wundmale der geschnitzten Christusfigur werden aus farbigem Wachs auf die Hände und Füße aufgelegt, um die geschnitzte Figur nicht zu zerstören. Dafür verknetet man farbiges Wachs in einem Hautton (unterste Schicht auf der Hand) sowie dunkles Rot und kräftiges Rot, um daraus eine Wunde zu formen, in die die Nägelmale mit einem kleinen Messer eingedrückt werden. Ebenso kann die Seitenwunde auf dem Stoff als „Durchblutung" angedeutet werden, wenn kein geschnitzter Oberkörper für Christus vorhanden ist.
Mit dieser Szene kommt die Krippe an die Grenzen der Darstellbarkeit. Wie sieht der auferstandene Christus aus? Mit Gewissheit wissen wir das erst nach unserem Tod – da haben uns die Jünger etwas voraus. Aber Thomas kann stellvertretend für uns seine Sehnsucht und Ehrfurcht ausdrücken, und Christus empfängt ihn (und uns) mit offenen Armen.

Ursula und ihre Gefährtinnen

Die heilige Ursula

Im 4. Jahrhundert nach Christus lebte in Britannien die Königstochter Ursula. Sie war klug, schön und fromm. Der König von England begehrte sie als Frau für seinen Sohn Aetherius. Ursulas Vater hatte Zweifel: Er wollte seine fromme Tochter nicht einem gottlosen Mann zur Frau geben, fürchtete aber den Zorn des Königs von England.
Ursula findet einen Ausweg: Sie fordert, dass ihr Bräutigam sich im Christentum unterrichten und taufen lässt. Bis zur Hochzeit will sie mit ihren Gefährtinnen auf eine Schiffsreise gehen.
Als die Frauen in Köln ankommen, hat Ursula eine Erscheinung. Ein Engel weist sie an, nach Rom zu pilgern und prophezeit ihr, dass sie für ihren Glauben sterben wird. Die Frauen reisen weiter den Rhein hinauf bis nach Basel und wandern dann zu Fuß über die Alpen nach Rom.
Auf der Heimreise landen sie wieder in Köln. Die Stadt wird inzwischen von den Hunnen belagert, und als diese die Jungfrauen sehen, wüten sie wie die Wölfe unter den Schafen. Der Fürst der Hunnen begehrt die schöne Ursula zur Frau, diese aber verweigert sich. Da legte er einen Pfeil auf sie an und durchschießt sie.
Nacherzählung der „Legenda aurea" des Jacobus de Voragine (um 1264)
Hinweis: Zuweilen spricht man von elftausend ermordeten Jungfrauen in der Gefolgschaft Ursulas – dies ist wahrscheinlich ein Lesefehler der lateinischen Angabe „X I **M**". Dies kann heißen „Elftausend" in römischen Ziffern oder 11 **M**ärtyrerinnen, unter ihnen die heilige Ursula.

Liebe Kinder

Zu den Menschen, die wegen ihres frommen Lebens als Heilige verehrt werden, gehört die heilige Ursula. Sie war eine Königstochter und lebte vor langer, langer Zeit auf der Insel Britannien. Wegen ihrer Schönheit wollte sie der König von England mit seinem Sohn verheiraten. Aber Ursulas Vater wollte seine fromme Tochter nicht mit einem Mann verbinden, der nicht an Gott glaubte. Da schlug Ursula vor, dass sich der Königssohn taufen lassen soll und sie vor der Hochzeit eine Reise machen dürfe. Mit ihren Freundinnen wollte sie in die Stadt Rom reisen und dort an den Gräbern von Petrus und Paulus beten. Die jungen Frauen fuhren mit ihrem Schiff übers Meer, den Fluss Rhein hinauf, an der Stadt Köln vorbei, immer weiter in den Süden. Sie wanderten zu Fuß über die Alpen und weiter bis zu der großen Stadt Rom. Als sie dort gebetet hatten, machten sie sich auf den Heimweg. Wieder fuhren sie mit dem Schiff den Rhein hinunter, wieder kamen sie nach Köln. Dort herrschte inzwischen Krieg. Die Hunnen, das waren wilde Krieger aus dem Osten, belagerten die Stadt.
Als die Frauen in Köln ankamen, forderte der Hunnenkönig, dass Ursula ihn heiraten solle. Ursula aber wollte sich nicht mit diesem bösen, gewalttätigen Mann verbinden. Da überfielen die grausamen Hunnenkrieger Ursulas Schiff und töteten mit ihren Speeren und Pfeilen Ursula und ihre Freundinnen. In Köln wird erzählt, dass dann plötzlich eine große Schar von Engeln erschien, die jagten die bösen Krieger aus der Stadt hinaus.

> *Betrachtet die Szene: Wie viele Frauen sitzen im Boot und woran erkennt ihr die Königstochter Ursula? Welches Zeichen ist auf der Fahne des Schiffes zu sehen?*

Alle im gleichen Boot

Legenden von Heiligen stellen uns – ähnlich wie die Gleichnisse Jesu – Lebensbilder vor Augen. Sie zeigen uns Menschen, die ihren eigenen Weg gefunden haben, als Christen zu leben.

Ursula will sich nicht mit einem Mann verbinden, der ihrem Gott mit Gleichgültigkeit oder Kritik begegnet. Wie wichtig ihr der eigene Glaube ist, will sie auf einer Reise klären. Diese Fahrt – zusammen mit gleichgesinnten Freundinnen – verschafft ihr keine Freiheit, aber einen Aufschub. Nach der Heimkehr soll die Hochzeit sein.

Ist das einfach eine Frauenreise,
leichtfertig angegangen,
die in einer Katastrophe endet?

Das Zeichen, unter dem diese Reise steht,
ist das Kreuz.
Dieses Kreuz ist der Schnittpunkt zwischen
Opfern und Tätern.
Für die Männer ist es das Signal zum Angriff
(sie wollen ihre Macht demonstrieren,
ihre Gewalt ausleben).
Für Ursula zeigt dieses Kreuz
die Koordinaten ihres Lebensweges:
Im entscheidenden Augenblick
weiß sie sich verbunden mit Gott.

Das Unglück lässt sich dadurch nicht aufhalten.
Der Tod ist den Frauen gewiss.
Sie sitzen alle im gleichen Boot.

Aber die Schwestern dieser elf Christinnen
werden aufstehen gegen Krieg und Apartheid,
gegen Diktatur und Menschenverachtung,
gegen Missbrauch und Demütigung.
Diese Schwestern werden sich stark machen
für ein Bewusstsein,
dass wir alle auf dieser Erde
im gleichen Boot sitzen.

Und das Kreuz – sichtbar oder unsichtbar –
hängt in den Folterkammern Chinas.
Es hing in der Gefängniszelle von
Dietrich Bonhoeffer.
Es ist an Bord der Rettungsschiffe auf dem Mittelmeer.
Es hängt in den Kammern, wo ein Mensch untergeht
durch die Lust und Gier eines anderen.

Gerade dann, wenn es am dunkelsten ist,
leuchten die Balken dieses Kreuzes auf
als Koordinaten des eigenen Lebens.

Annette Krauß

Todesangst

Wie passen elf Figuren in ein kleines Boot? Im wirklichen Leben hätte das Boot mehr Raum, denn sein Rumpf läge tief im Wasser und böte Platz für Beine und Füße. Hier aber liegt die flache Unterseite des Holz-Bootes auf einer zugeschnittenen Glasplatte. Deshalb müssen allen Figuren die Unterschenkel abmontiert werden – nur die heilige Ursula steht aufrecht auf ihren eigenen Beinen.
Die Frauen eint ihre Todesangst, doch jede reagiert anders. Sie umarmen einander, sie beten, heben die Arme in den Himmel, verbergen ihre Tränen. Als zukünftige Märtyrerinnen sind sie rot gekleidet. Die heilige Ursula hält schon den Palmwedel als Symbol in der Hand, dass ihr Glaube über den Tod siegen wird. Eine Frau senkt ihren weißen Schleier ins Wasser als Symbol jener Jungfräulichkeit, die sie unter der Gewalt der Männer bald verlieren wird.
Durch die Glasplatte mit ihrer unregelmäßigen Oberfläche erkennt man undeutlich einen Hohlraum darunter, der dünn mit Sand bedeckt ist. Auch die Ränder der Glasplatte wurden sorgfältig mit Sand bedeckt. Schräg einfallendes Licht auf die Glasfläche sorgt dann für die Illusion von Wasser. Die Nachtstimmung durch weite LED-Strahler, die mit blauer Beleuchterfolie eingefärbt wurden, wird dramatisch unterbrochen durch einen weißen Spot für die Frauen im Boot.
Entwickelt wurde diese Szene für das Patrozinium von St. Ursula am 21. Oktober. Dafür mussten acht weibliche Figuren neu gefertigt werden, denn im Krippen-Bestand waren längst nicht so viele Frauen und Mädchen vorhanden. Als Krippenpfleger können wir auch darauf achten, dass im Laufe des Jahres die Vielfalt unseres menschlichen Lebens zu sehen ist: mal ruhige Darstellungen mit wenigen Figuren, dann wieder größere Menschenmengen; mal Geschichten der (männlichen) Apostel, dann wieder Darstellungen, in denen Frauen im Mittelpunkt stehen.

Franziskus vor dem Sultan

Der heilige Franziskus

Franziskus trat eine Reise in Richtung Syrien an, damit er dem Sultan von Babylon persönlich begegnen könnte. Zwischen den Christen und den Sarazenen herrschte damals ein unerbittlicher Krieg. Doch Franziskus beschloss, sich auf den Weg zu machen. Er nahm einen seiner Brüder mit, der trug den Namen Illuminatus (das heißt: der Erleuchtete) …

Als sie weitergezogen waren, kamen ihnen die sarazenischen Spießgesellen entgegen, die die Diener Gottes mit roher Gewalt ergriffen. Sie übersäten sie mit Schlägen und banden sie in Fesseln. Nachdem sie so die beiden misshandelt hatten, führten sie diese endlich vor den Sultan. Als dann der Fürst fragte, von wem sie gesandt worden seien, antwortete der Diener Christi, dass er vom höchsten Gott herübergeschickt worden sei, damit er dem Fürsten und dem Volk das Evangelium der Wahrheit verkünden möge. Mit großer Glut seines Geistes predigte er dem Sultan den dreifaltigen und einen Gott und den Retter aller Menschen Jesus Christus. Sogar der Sultan erkannte die bewundernswerte Glut des Geistes, die aus dem Manne Gottes sprach, und er hörte ihm gerne zu. Der Diener Christi aber wurde erleuchtet: „Wenn du“, sprach er, „dich mit deinem Volk zu Christus bekehren möchtest, werde ich aus Liebe zu ihm gerne bei euch verweilen. Wenn du aber zögerst, zugunsten des Glaubens an Christus das Gesetz des Mohammed aufzugeben, dann ordne an, dass ein riesiges Feuer entzündet wird, und ich werde zusammen mit deinen Geistlichen in das Feuer treten, damit du so erkennst, welcher Glaube als heiligmäßiger anzusehen ist.“ Darauf erwiderte ihm der Sultan: „Ich glaube nicht, dass einer von meinen Geistlichen sich dem Feuer aussetzen möchte.“ Er bot ihm stattdessen viele wertvolle Geschenke an, die der Mann

Liebe Kinder

Vor rund achthundert Jahren herrschte in der Gegend, wo Jesus gelebt hatte, Krieg zwischen Christen und Muslimen. Dorthin reiste ein Mann mit Namen Franziskus.
Er hatte ein Kloster in dem italienischen Städtchen Assisi gegründet, und von dort machte er sich auf den Weg, zusammen mit seinem Freund Illuminatus. Sie wollten Frieden stiften, wo Krieg herrschte. Im September 1219 kamen sie an ihr Ziel. In der ägyptischen Stadt Damiette regierte der Sultan Kamil al-Malik. Seine muslimischen Soldaten verprügelten die fremden Christen, dann brachten sie beide zum Sultan. Diesem Herrscher predigte Franziskus mit Begeisterung von Christus. Er erzählte, dass der Gottessohn den Menschen die Liebe zu Gott, zum Nächsten und zu sich selbst gelehrt habe. Franziskus sprach so begeistert, als würde er für seinen Glauben sogar durchs Feuer gehen. Der Sultan hörte Franziskus zu. Er bat ihn, im Land zu bleiben, und bot ihm Geschenke an. Franziskus aber erkannte, dass er den Sultan und sein Volk nicht zu Christus bekehren konnte. Er reiste deshalb mit Illuminatus in die Heimat zurück. Als Geschenk nahm er einen Elefantenzahn des Sultans an.

> *Betrachtet die Szene: Auf den Wänden des Palastes stehen arabische Schriftzeichen, die loben Allah – so heißt auf Arabisch Gott. Welche Geschenke bietet der Sultan Franziskus an? Was zeigt Franziskus dem Sultan? Gibt es einen Zeugen, der alles aufschreibt?*

Gottes wie Unrat verachtete. Als Franziskus schließlich sah, dass er keine Fortschritte machte, was die Bekehrung jenes Volkes betraf, kehrte er wieder in das christliche Herrschaftsgebiet zurück.

Bonaventura, Legenda maior Sancti Francisci (1263), Kapitel IX, 7-9, gekürzt (Übersetzung: Bernhard Teuber)

Wer hat Recht?

Was für eine Begegnung, Franziskus und der Sultan!
Was für eine Möglichkeit für den Frieden!
Was für eine Enttäuschung: Der Sultan und die Seinen werden keine Christen!

Franziskus wollte dem Frieden dienen, indem er den anderen – „den Feind" –
vom Eigenen zu überzeugen versucht hat.
„Wenn Du so wirst, wie ich bin,
dann wird Frieden zwischen uns!"
Dieser Ansatz ist immer zum Scheitern verurteilt, weil er aussagt:
„Ich bin richtig, du bist falsch!"

Es gibt nur die Alternative eines Dialoges,
der zunächst mich „Ich" sein lässt,
und den anderen auch
sein eigenes „Ich" sein lässt.

Das heißt nun für uns Christinnen und Christen, unseren Missionsauftrag
zu überdenken.
Natürlich bin ich davon überzeugt, dass es keinen besseren Glauben als das Christsein gibt und dass es sich im katholischen Christsein am schönsten ausdrückt, und ich muss zur Kenntnis nehmen, dass das viele Menschen anders sehen.

Es geht also um eine Dialogbereitschaft, die die eigene Überzeugung genauso wertschätzt wie das Recht des anderen auf seine Überzeugung. Und dieses In-Kontakt-Gehen von Überzeugungen darf nicht sofort mit dem Verdacht der Verwässerung verunmöglicht werden.

Zusammen mit unseren älteren jüdischen
und jüngeren muslimischen Geschwistern
bekennen wir
den EINEN GOTT
als den Größten
und deshalb als Gott aller Menschen.
Das heißt nun im interreligiösen Dialog, dass wir, wie Franziskus es tat, einander besuchen in unseren Räumen und dass wir einander nicht belehren, sondern – wie es eine Krippe tut – unsere Geschichten erzäh-

len: Geschichten von Menschen mit Hoffnungen und Freuden, mit Trauer und Angst; und dass wir diese Geschichten nicht nur als immanente Lebensgeschichten fassen, sondern sie im Horizont unseres Glaubens in den größeren Blick der Transzendenz aufspannen.

Als Jünger des Jesus von Nazareth lerne ich in seiner Schule vor allem die Achtung und den Respekt vor der anderen, vor dem anderen, immer gerade vor den Fremden, Schwachen und Ausgestoßenen.

Christliche Spiritualität ist für mich eine „meditatio" des SEINS,
dessen was ist, in mir, um mich herum
und dessen was mich übersteigt.

Als ein Mensch des einen Gottes aller Menschen begegne ich in dieser Haltung anderen Menschen, gerade auch denen, die anders glauben und anderer Meinung sind. Ich erzähle von mir und meinem Glauben und will hören vom anderen Menschen und seinem Glauben. Ich lerne: Verschiedenheit ist nicht mit den Kategorien von richtig und falsch zu fassen, sondern braucht die Authentizität der eigenen Emotion, die auch das Gegenüber zu authentischer Emotion anregt und bewegt –
Begegnung mit Kopf und Herz.

Der Feind des Dialoges ist nicht der andere Glaube, sondern jede Form von Fundamentalismus. Franziskus und der Sultan waren keine Fundamentalisten, sonst hätten sie die Begegnung nicht überlebt.

Der Glaube an den EINEN GOTT lehrt mich: Weil du Mensch bist, bist du im Recht!

David W. Theil
Dekan, G. R., katholischer Pfarrer von St. Ursula und St. Sylvester, München

Dialog in Bild und Schrift

Eine Ferienreise nach Andalusien trug zur Entstehung dieser Krippenszene bei. Im ehemals maurischen Spanien inspirierte mich die Architektur in Cordoba, Sevilla und Granada zu einer Ergänzung des vorhandenen Innenraums: Eine Nische mit maurischem Bogen wird zum Sitzplatz für den Sultan.
Aus den spanischen Andenkenläden stammen die marokkanische Lampe sowie der Spiegel mit den arabischen Umschriften. Sie zitieren den wichtigsten Satz des Korans, den gläubige Muslime fünfmal am Tag sprechen: *Allahu akbar* – Gott ist am Größten. Das entspricht dem Gesang der Christen: „Großer Gott, wir loben Dich."
Um die Rede des Franziskus auch bildlich darzustellen, zeigt der Heilige dem Sultan eine kleine Ikone mit dem Antlitz Christi. Die Feuerschale am Boden (gefüllt mit Salzsteinen, dazwischen eine winzige LED-Diode) symbolisiert einerseits das Feuer der Rede, zeigt aber auch die Bereitschaft von Franziskus, für seinen Glauben durchs Feuer zu gehen.
Neben dem orientalischen Tisch liegen die Geschenke des Sultans. Der bescheidene Franziskus wählte den Elefantenzahn, der bis heute in der Schatzkammer von San Francesco in Assisi aufbewahrt wird und der die Christen mahnt, den vor acht Jahrhunderten begonnenen Dialog mit den Muslimen nicht aufzugeben, sondern fortzusetzen.

Dietrich Bonhoeffer im Gefängnis

Ein Brief zu Pfingsten

Liebe Eltern!
Nun feiern wir also auch Pfingsten noch getrennt, und es ist doch in besonderer Weise ein Fest der Gemeinschaft. Als die Glocken heute früh läuteten, hatte ich große Sehnsucht nach einem Gottesdienst, aber dann habe ich es gemacht wie Johannes auf Patmos und für mich allein einen so schönen Gottesdienst gehalten, daß die Einsamkeit gar nicht zu spüren war, so sehr wart Ihr alle, alle dabei und auch die Gemeinden, in denen ich Pfingsten schon gefeiert habe.
Das P. Gerhardt'sche Pfingstlied (1) mit den schönen Versen: „Du bist ein Geist der Freude…" und „Gib Freudigkeit und Stärke…" sage ich mir seit gestern Abend alle paar Stunden auf und freue mich daran, dazu die Worte: „der ist nicht stark, der nicht fest ist in der Not" (Sprüche 24) und „Gott hat uns nicht gegeben den Geist der Furcht, sondern der Kraft und der Liebe und der Besonnenheit" (2. Timotheus 1). Die seltsame Geschichte vom „Sprachenwunder" (2) hat mich auch wieder sehr beschäftigt. Daß die babylonische Sprachenverwirrung, durch die die Menschen einander nicht mehr verstehen können, weil jeder seine eigene Sprache spricht, ein Ende haben und überwunden sein soll durch die Sprache Gottes, die jeder Mensch versteht und durch die allein die Menschen sich auch untereinander

Liebe Kinder und Jugendliche

Vor 75 Jahren herrschte der Diktator Adolf Hitler in Deutschland. Unter seinem Befehl wurden viele Millionen Menschen in Lager transportiert, darunter sehr viele Juden aus ganz Europa. Diese Gefangenen mussten schwer arbeiten, viele verhungerten oder wurden getötet. Gleichzeitig führte Hitler einen langen Krieg in Europa, durch den viele Millionen Menschen starben.
Der evangelische Pfarrer Dietrich Bonhoeffer hatte ab April 1933 gegen die Inhaftierung von jüdischen Mitbürgerinnen und Mitbürgern protestiert. Er war überzeugt, dass man Christen an ihrem Reden und Handeln erkennen müsse und setzte sich deshalb für die Verfolgten ein.
Am 5. April 1943 wurde er in Berlin verhaftet. In seiner Gefängniszelle schrieb er an Pfingsten an seine Eltern.
Er hörte an diesem Morgen durchs Fenster die Glocken und hatte große Sehnsucht nach einem Gottesdienst. Und dann, so steht es in dem Brief, feierte er in seiner Zelle ganz allein eine Andacht. Er erinnerte sich an die Menschen aus verschiedenen Gemeinden. Er erinnerte sich an Kirchenlieder, deren Texte er auswendig kannte. Und er erinnerte sich daran, was in der Bibel über das Sprachenwunder an Pfingsten erzählt wird: Die Jünger konnten, als sie den Heiligen Geist empfingen, plötzlich in allen Sprachen der Welt predigen. Bonhoeffer schrieb: Die Sprache Gottes kann allen Streit überwinden, weil jeder Mensch diese Sprache versteht. Durch sie können sich die Menschen untereinander wieder verstehen. Und der Ort, wo das geschieht, ist die Kirche.
Am 9. April 1945 wurde Bonhoeffer in dem Lager Flossenbürg zum Tode verurteilt. Er wurde 39 Jahre alt. Einen Monat später war die Herrschaft des Diktators Hitler endlich zu Ende. In Deutschland konnten die Menschen wieder in Freiheit leben.

> *Betrachtet die Szene: Was hat Dietrich Bonhoeffer in seiner Gefängnis-Zelle an der Wand aufgehängt? Was tut er?*

wieder verstehen können, und daß die Kirche der Ort sein soll, an dem das geschieht, das sind doch alles sehr große und wichtige Gedanken.

(Tegel) Pfingsten 1943. 14. VI.

Anmerkungen
(1) Zieh ein zu deinen Toren, Evangelisches Gesangbuch 133
(2) Apostelgeschichte 2,1-13

Worte wie ein Licht

Dietrich Bonhoeffer, der Mann in der Zelle.
Wartend auf eine Lösung oder eine Erlösung
aus Unsicherheit und Angst.
Wird der Krieg bald ein Ende nehmen?
Wird er frei sein und zu der geliebten Frau
und seiner Familie zurückkehren können?
Wird er sein Leben als Lehrer von Predigern
wieder aufnehmen können?
Wird er ihnen beibringen,
wie man von Gott spricht, wenn man
durch die Hölle gegangen ist?
So viel hätte er ihnen zu sagen,
den nachfolgenden Generationen von Predigern und Christinnen.

Wie spricht man von Christus zu denen,
die keine Christen sind?
Die Christus hassen und an den Führer, das Volk und die überlegene Rasse glauben?
Das hat er in der Zelle gelernt im Gespräch mit dem Wachpersonal.
Christus ist nicht nur für Christen gestorben,
er ist für die ganze Welt gestorben,
auch wenn sie davon nichts weiß
und nichts wissen will.
Für die Schuldigen ist er gestorben.

Viele Monate lebt Bonhoeffer in der Hölle der Unsicherheit:
Er wartet ebenso gespannt
auf das Leben wie auf den Tod.

Und er ist allein.

Die Einsamkeit wird nur unterbrochen von aggressiven Verhören durch die Offiziere der Geheimen Staatspolizei und durch die Gefängniswärter, die ihm das Essen bringen und ein paar Worte mit ihm wechseln.

Aber Dietrich hat
einen unterhaltsamen Geist.
Er ist in ständigem Gespräch mit sich selbst,
mit seiner Verlobten, seinen Freunden,
mit den biblischen Texten,
mit Gott.

Nie war die Welt so leise um ihn herum.
Jetzt kann er all die Stimmen
deutlich hören,
die in seinem Inneren
im Wettstreit und im Widerstreit liegen:
Die Zuversicht und die lähmende Angst.
Die Stimme der geliebten Frau,
die Briefe der Freunde.
Jeder Brief ein Schatz.
Kein Platz, um Nichtiges zu Papier zu bringen.

Das Leben in dieser Zelle wird wesentlich.
Es geht um Alles, was ihm wichtig ist.
War er wahrhaftig als Lehrer?
Hat er geirrt in seinen Büchern?
Hat er die richtigen Entscheidungen getroffen – zum Beispiel, als er trotz aller Warnungen aus Amerika ins Nazi-Deutschland zurückgekehrt ist? Hat er die richtige Entscheidung getroffen, den bewaffneten Widerstand zu unterstützen:
Ein Attentat auf den damals mächtigsten Mann der Welt?

Er hört in seinem Inneren die Choräle,
die ihm das Vertrauen auf Gott singen und
ihm die Angst vor dem Tod nehmen wollen.

Er spürt den biblischen Texten nach,
wie einem Lebensmittel:
„In der Welt habt ihr Angst, aber seid getrost,
ich habe die Welt überwunden"
spricht Christus. (Johannes 16,33)

Er hört auf die biblischen Texte, die zum Frieden mahnen.
Er hört den Christus am Kreuz rufen:
„Mein Gott, mein Gott, warum hast Du mich verlassen?"
(Matthäus 27,46 und Markus 15,34)
Und er hört ihn sagen:
„Vater, in Deine Hände lege ich meinen Geist." (Lukas 23,46)

Worte sind das wie ein Licht.

Er antwortet auf all die Lieder und Texte,
die zu lebendigen Worten werden.
Er lernt beten.
Am Jahresende 1944 wird er die Bilanz seiner Unterhaltung mit Gott niederschreiben:
„Von guten Mächten wunderbar geborgen
erwarte ich getrost, was kommen mag,
Gott ist mit uns am Abend und am Morgen
und ganz gewiss an jedem neuen Tag".

Johanna Haberer
Evangelische Theologin; Professorin für christliche Publizistik in Erlangen-Nürnberg

In der Gefangenschaft

Licht erweckt nicht nur Figuren zum Leben, sondern gestaltet auch Raum. Durch Licht wird ein Raum zu einem großen Saal, in dem sich alle Jünger um Christus versammeln. Umgekehrt kann ein gebündelter Lichtstrahl, der in ein dunkles Zimmer fällt, den gleichen Raum in eine enge Kammer verwandeln.
Ein angedeutetes Gitter am Fenster hoch oben in der Wand und eine karge Einrichtung deuten die Zelle in Berlin-Tegel an, in der Dietrich Bonhoeffer seit seiner Verhaftung am 5. April 1943 eingesperrt war. Als bisher einzige Szene der Jahreskrippe St. Ursula ist sie im 20. Jahrhundert angesiedelt.

Die Requisiten deuten an, was Bonhoeffer in dieser bedrückenden Situation Kraft gibt: Ein Foto seiner Verlobten Maria von Wedemeyer hängt über dem Bett; das hereinströmende Licht beleuchtet ein schlichtes Holzkreuz an der Wand; das Buch in seinen Händen zeigt eine Kreuz-Illustration.

Mangels einer Figur mit einem Portraitkopf Bonhoeffers verwende ich eine männliche Figur mit Halbglatze und Draht-Brille in Rückenansicht, gekleidet in Hemd und Hose. Das weiße Hemd wurde genäht aus

dem feinsten Leinen eines alten Korporale (liturgisches Tuch) aus St. Ursula. Dies ist als ökumenisches Zeichen gemeint für einen Menschen, der in der katholischen Kirche als „nichtkatholischer Märtyrer" geehrt wird (im Deutschen Martyrologium des 20. Jahrhunderts). In der evangelischen Kirche gibt es keine Heiligsprechung. Bonhoeffer gilt als Vorbild im Glauben. Sein Leben und sein Sterben stellen uns die Frage: Wofür erheben wir heute unsere Stimme als Christin und Christ?

Wir sehen jetzt durch einen Spiegel in
einem dunklen Bild;
dann aber von Angesicht zu Angesicht.
Jetzt erkenne ich stückweise;
dann aber werde ich erkennen,
gleichwie ich erkannt bin.

1. Korinther 13,12

Die Krippe als Seelenspiegel

Krippe – das scheint etwas Altmodisches zu sein. Das erinnert an die Kindheit. An die Figuren, die an Weihnachten aufgestellt werden. Schöne Erinnerungen …, aber was hat das mit der Gegenwart zu tun? Oder mit meinem Leben?
Krippe – das ist eine „Übersetzung" von Erzählungen in Bilder. Da geschieht etwas Spannendes. Etwas, das mich neugierig macht. Da werden Emotionen sichtbar.
Krippe – das ist eine Darstellung von Urbildern des Lebens, betrachtet mit den Augen der Seele.

Was also ist eine Krippe?

Der jüdisch-evangelische Kunsthistoriker Rudolf Berliner (1886–1967) erforschte ab 1920 als Kurator am Bayerischen Nationalmuseum die Krippentradition in Europa und definierte nicht nur die Art ihrer Aufstellung, sondern auch ihren Zweck: „Weihnachtskrippen sind also Darstellungen mit der Geburt Christi verbundener Ereignisse, bei denen im wirklichen dreidimensionalen Raume möglichst körperlich und lebendig wirkende Figuren so verteilt sind, dass im Betrachter das Gefühl entsteht, ihnen selbst beizuwohnen, damit in ihm die religiösen Gefühle in jener Stärke erregt werden, die dem erlebten Wunder angemessen ist." (Rudolf Berliner: *Die Weihnachtskrippe*, München 1955, S. 14). Es geht also um künstlerisch gefertigte Figuren, die im Raum einander so zugeordnet werden, dass beim Betrachter Emotionen hervorgerufen werden. Gott ist Mensch geworden – und dieses Wunder beten wir an, von Generation zu Generation.
„Erfunden" hat die Krippe nicht der heilige Franziskus – auch wenn das oft behauptet wird. Franziskus ließ 1223 im Wald von Greccio einen Ochsen und einen Esel in eine Höhle bringen, und er hat dann als Diakon über einer leeren Futterkrippe das Evangelium gesungen. Bei dieser Weihnachtsmesse will ein Zeuge im Heu der Futterkrippe ein Kind gesehen haben, das Franziskus herzte und liebkoste. Es war also ein mystisches Geschehen, dem die Dorfbewohner und Mitbrüder beiwohnten – aber keine Krippe!
Möglicherweise sind die Figuren, die der Florentiner Bildhauer Arnolfo di Cambio 1291 aus Marmor fertigte und an die römische Basilika Santa Maria Maggiore lieferte, die erste Krippe. In dieser Kirche verehrt man bis heute ein Stück aus der hölzernen Futterkrippe Jesu als Reliquie – und deshalb gab man die dazu gehörenden Figuren in Auftrag. Dies blieb aber zunächst ein Einzelphänomen.
Italien war entscheidend für die Geschichte der Weihnachtskrippe – für dortige Kirchen schufen Künstler ab dem Ende des 15. Jahrhunderts zahlreiche Krippen. Gefördert wurde diese neue Kunstform auch von Ordensleuten. So sollen 1524 Franziskaner Krippenfiguren nach Mexiko gebracht haben, 1562 stellten die Jesuiten eine erste Krippe in Prag auf und brachten kurz vor 1600 Krippen nach Ostindien. Damit wurde die Krippe ein Mittel der Mission in fernen Ländern und entfaltete sich in Europa als „szenische Predigt" – auch in der Zeit der Gegenreformation. Wo evangelische Pfarrer durch die Kraft des Wortes wirkten, wollten Franziskaner und Jesuiten (auch) durch die Krippe verkündigen.
Aus dem Verlangen, nicht nur die Geburt Christi zu zeigen, sondern auch die Stationen der Passion darzustellen, entwickelte sich im 18. Jahrhundert die Fastenkrippe. Diese wurde am einen oder anderen Ort, vor allem in Kirchen und Klöstern, erweitert zur Jahreskrippe – allerdings ist die Geschichte dieses Phänomens wenig erforscht. Eine solche Jahreskrippe zeigt wechselnde Szenen aus dem Alten und Neuen Testament sowie zu Heiligenlegenden. Berühmt wurde jene Jahreskrippe, die Ende des 18. Jahrhunderts die Brüder Augustin Alois Probst und Joseph Benedikt

Probst für den Fürstbischof von Brixen schufen. Mit fünftausend geschnitzten und bemalten Figürchen, die zwischen 6 und 8 Zentimeter klein sind, wurden rund fünfzig Szenen gestellt – darunter auch so seltene Darstellungen wie das Schlachten der Paschalämmer und der Kindermord von Bethlehem. Sie bildeten ab 1930 den Grundstock des Krippenmuseum in Brixen/Südtirol.

Ein Ehrenamt

In Bayern entstanden Jahreskrippen mit beweglichen, bekleideten Figuren, die zwischen 20 und 25 Zentimeter groß sind. Vor allem nach dem Zweiten Weltkrieg entwickelte sich München zu einer Hauptstadt der Jahreskrippen. Aktuell werden rund dreißig Jahreskrippen in den Kirchen der Stadt und des Umlandes ehrenamtlich gepflegt und etwa alle sechs Wochen umgebaut. Doch dieser Münchner Schatz ist in Gefahr, denn die kleiner werdende Bereitschaft, ein Ehrenamt zu übernehmen, macht es schwierig, aktive Krippenbauer für Jahreskrippen zu finden.

Manchmal spielt auch der Zufall mit, damit jemand seine Begabung für die Krippe entdeckt. Aber glauben wir Christen an Zufälle? Als evangelische Christin versuche ich seit über vierzig Jahren zusammen mit meinem katholischen Mann Bernhard Teuber, der ebenso wie ich von der ökumenischen Kommunität von Taizé geprägt ist, den Glauben zu reflektieren, darüber zu diskutieren und darin Erfahrungen zu sammeln. Dass ich als Evangelische nun in einer katholischen Gemeinde mitlebe und mich dort willkommen geheißen fühle, das hat mit den Krippenfiguren zu tun, die dort verwaist lagerten. Als mir der Mesner Luka Vukorep diese Figuren im Januar 2007 zeigte, da erinnerte ich mich an die Erzählungen in den evangelischen Kindergottesdiensten meiner Heimatstadt Zweibrücken. Damals erzählte Pfarrer Theodor Kabs in der großen Alexanderskirche der Kinderschar jeden Sonntag eine Geschichte aus dem Alten oder Neuen Testament. Und er erzählte so lebendig, dass diese biblischen Erzählungen zum Fundament meines Lebens wurden. Diesen Schatz möchte ich den Kindern von heute zurückgeben – durch die Krippen-Szenen, die ich baue.

Was muss man können, um eine Krippenszene aufzubauen? Krippenbauer folgen letztlich jenen „Geistlichen Übungen", wie sie Ignatius von Loyola 1548 beschrieben hat. Für die innere Betrachtung einer Station auf Jesu Lebensweg empfiehlt Ignatius zunächst das Lesen der jeweiligen Geschichte. Dabei kommt es darauf an, „mir das Fremde zu eigen zu machen", wie Pfarrer Thomas Schwaiger sagt. Als Kulturjournalistin analysiere ich aber auch ganz nüchtern den biblischen Text entlang der Fragen: Wer, was, wann, wo, warum? Denn ich muss wissen: Wer sind die Hauptpersonen? Gibt es Zuschauer? Was passiert und welchen Moment stelle ich dar? Zu welcher Tageszeit? Wie sieht der Schauplatz aus? Und warum will ich gerade diese Szene darstellen?

Ignatius: Von innen verkosten

Als zweiten Schritt empfiehlt Ignatius, die „Zusammenstellung des Ortes" (*compositio loci*) zu betrachten, wo das Ereignis stattfindet. Subjektiv verknüpfen wir in unserer Vorstellung diesen Schauplatz meist mit Orten, die wir gut kennen – das macht uns die Geschichte vertrauter. Nach diesen Vorbereitungen beschreibt Ignatius einen inneren Weg in die Geschichte hinein: „Mit der Sicht der Vorstellungskraft sehen …, mit den Ohren hören …, mit dem Geruch riechen …, mit dem Geschmack schmecken …, mit dem Tastsinn berühren …" Diese „Anwendung der Sinne" (*applicatio sensuum*) nach jesuitischer Tradition begründet Ignatius so: „Nicht das viele Wissen sättigt und befriedigt die Seele, sondern das Innerlich-die-Dinge-Verspüren-und-Schmecken" (Ignatius von Loyola, *Geistliche Übungen*, übers.

von Peter Knauer SJ, Würzburg [4]2018, S. 28, Anm. 2). Es geht also darum, „die Dinge von innen zu verkosten" – und genau dies ist die meditative Arbeit des Krippenbaus, indem ich über Wochen mit der Geschichte „schwanger gehe" und ich sie langsam auf einer „inneren Bühne" entwickle.

Die Inszenierung

Für die Umsetzung auf der realen Krippenbühne in der Vitrine sind dann Figuren mit Bekleidung, Bühnenbilder, Architektur, Requisiten und eine spezifische Beleuchtung nötig – ganz wie im großen Bühnentheater.
Die biegsamen Figuren müssen zum Leben erweckt werden. Oft schlüpfe ich in der Werkstatt selbst in die Rolle einer Figur: Ich suche mit meinem eigenen Körper nach genau der Haltung, die für den entscheidenden Moment stimmig ist. Entsprechend kann ich dann die Figur so biegen und stellen, dass sie ihr Herz zeigt. Wie Schauspieler müssen die Figuren schon auf der „Probebühne" in der Werkstatt miteinander kommunizieren, sich zusammendrängen oder abseits das Geschehen beobachten.
Wie eine Regisseurin die Schauspieler auf der Theater-Bühne agieren lässt, so stelle ich dann die Figuren auf die Krippen-Bühne, die mit Architektur, Vegetation und gemalter Landschaft eingerichtet wurde. Da zeigt sich, ob die Szene funktioniert, ob ein Funke überspringt. Zuweilen liegt dies an „Schlüsselfiguren" im Vordergrund: „Wer Dir das Gesicht zeigt, der schaut Dich an. Wessen Rücken Du siehst, dem schaust Du über die Schulter." Mit diesen Worten hat Thomas Schwaiger die Dramaturgie der Figuren auf den Punkt gebracht.
Wichtig sind auch die kleinen *Finimenti* (Requisiten) – ein aufgeschlagenes Buch, eine Flöte, ein Kerzenleuchter. Diese vermeintlichen Kleinigkeiten funktionieren als „Seelenfänger", wie einmal ein aufmerksamer Krippen-Besucher analysierte. Sie können Auslöser sein für Fantasien und Erinnerungen in unserem Kopf und rühren an eine gespannte Saite unserer Seele.

Licht braucht Schatten

Ohne Lichtregie bliebe freilich jede Darstellung leblos. Es gibt eine einfache Grundregel dafür: Das Entscheidende steht im Licht. Der Theater-Beleuchter Wieland Müller-Haslinger, der mich mit Tipps unterstützt hat, formuliert es drastisch: „Ich kann nicht die Wand beleuchten, denn die Wand sagt ja nichts!"
Von Fall zu Fall entscheide ich, ob ich natürliches Licht nachahme oder eine expressive Bühnenbeleuchtung brauche. Oft überlege ich tatsächlich, wo die Sonne steht, die durch ein Fenster oder einen Säulengang in den Innenraum strömt und dann genau das Wichtige ins Licht taucht – und Nebensächliches in den Schatten stellt. Licht braucht Schatten – nur dadurch entsteht Atmosphäre. Je dunkler die Nacht, desto mehr Lampen sind nötig, die dann gedimmt und fokussiert werden, damit nur die Gesichter in Licht getaucht werden, aber die Gesamtszene dunkel bleibt.
Erst wenn das Zusammenspiel von Figuren, Bühne und Licht stimmig ist, wird die Szene Emotionen transportieren und nur dann wird die gesamte biblische Geschichte erzählt. Dann beginnt das Verstehen mit dem Herzen: Dass es hier um unser eigenes Leben geht – um unsere Trauer, unseren Schrecken, unsere Freude und unsere Hoffnung. Die Krippe wird zum Seelenspiegel – ähnlich wie es das „Bibliodrama" vermag: ein Rollenspiel, bei dem der Körper mit allen Sinnen in das Verstehen der Bibel einbezogen wird. Im besten Fall stehen wir dann nicht mehr als Betrachtende außerhalb der Szene, sondern mittendrin.

Übersetzung ins Heute

Es ist ziemlich unwahrscheinlich, dass heute ein weißes, geflügeltes Wesen in meinem Zimmer erscheinen wird und mit mir spricht, um mir eine göttliche Botschaft zu übermitteln. Es ist auch unwahrscheinlich, dass einer von uns draußen vor der Stadt gekreuzigt wird. Aber wäre es nicht denkbar, dass einer zu mir sagt: „Komm mit, ich will dir etwas zeigen!" Und dass ich dann etwas zu sehen bekommen, was ich gar nicht erwartet habe. Und in einem unvorsichtigen Moment öffnet sich für einen kurzen Augenblick mein Herz. Und dann ist es geschehen: Ich habe eine Idee, was ich gerne machen würde. Was ich machen würde, wenn jetzt nicht alle „Wenn" und „Aber" in meinem Kopf laut reden würden. Was ich ausprobieren werde, weil es ja sein könnte, dass sich das doch verwirklichen lässt, was ich da vor mir sehe …

In einem solchen Moment sind wir mitten in der Szene der Verkündigung. Wir haben nicht damit gerechnet, dass sich da ein ganz neuer Weg in unserem Leben auftut. Dass wir Altes hinter uns lassen müssen, dass wir Gewohntes neu gestalten müssen, dass wir umdenken müssen. Aber das erscheint uns in dem Moment gar nicht so schwer. Weil wir eine Kraft in uns fühlen: Ja, das könnte etwas werden!

Maria hat in diesem Moment gefühlt: Da ist eine Kraft an meiner Seite! Verheißung, Zuversicht, Gottvertrauen – Worte, die so altmodisch klingen wie das Wort „Krippe". Und dennoch kommt es zuweilen vor, dass Menschen so einen Moment erleben. Kreuzigungen dagegen sind nicht mehr üblich. Aber an einer Straßenecke mitten in der Stadt stehen Kerzen, liegen Blumen auf dem Gehsteig, darüber hängen ein Foto und ein Zeitungsartikel, der berichtet: Hier ist ein Mensch gestorben – er wurde brutal zusammengeschlagen, weil einer sein Handy und seine Lederjacke wollte. Als Passantin bleibe ich stehen und beginne zu überlegen: Ist hier das Golgatha von heute?

„In dieser Schriftrolle steht, was an mir geschehen ist." Der Beter des 40. Psalm (in der Einheitsübersetzung) erkennt in einem Augenblick: Das, was in diesen alten Texten steht, das habe ich erlebt!

Entscheidende Momente

„Komm, nimm dir das Geld, nimm dir die Macht, du hast die Möglichkeit dazu" – so spricht der Verführer, wenn einer eine bestimmte berufliche und gesellschaftliche Position erreicht hat. Wer wird nein sagen, wie Jesus zum Teufel nein gesagt hat? Wer wird der Habgier nachgeben und seine Macht missbrauchen?

Die unheilbar Kranke, deren Familie hilflos ist und deren Ärzte sie aufgegeben haben, – wird sie glauben, dass Gott an ihrer Seite bleibt? Wird sie vertrauen, dass Gott sie auch dann hält, wenn alle sie fallen lassen? Oder wird sie Gott die Schuld an ihrer Krankheit geben, mit ihm hadern und sich von ihm abwenden? Die blutflüssige Frau, die die Begegnung mit Jesus sucht, ist seelenverwandt mit den Wallfahrern, die um Heilung bitten und in Demut beten: „Dein Wille geschehe."

Die blinde Wut, mit der Männer eine Ehebrecherin verurteilen, diese Wut wird in Scham verkehrt, weil Jesus diese Männer fragt, ob SIE denn alles richtig gemacht haben. Und als der auferstandene Christus dem Thomas erscheint, begegnet er dessen Zweifeln mit gütiger Milde und offenen Armen. Mit dieser Haltung fragt Jesus seine Nachfolger in den Kirchen: Schaut ihr die Menschen an? Hört ihr ihnen zu? Geht ihr ihnen entgegen?

Die Bilder der Krippe stellen uns genau diese entscheidenden Momente vor Augen. Wo bin ich in dieser Szene? Wie habe ich reagiert, als das in meinem Leben geschehen ist? Öffne ich meine Augen dafür, dass Gott derjenige ist, der war, der ist und der sein wird – gestern, heute und morgen?

Rund fünfzig verschiedene Szenen wurden in den vergangenen vierzehn Jahren für die Krippe in St. Ursula entwickelt – eine Auswahl versammelt dieses Buch. Mit den Bildern und Texten soll der Blick auf diese christlichen Miniaturbühnen in Kirchen gelenkt werden. Denn Kirchenkrippen haben oft ein wechselhaftes Schicksal; ihre Geschichte wird unzureichend dokumentiert und nicht selten führen sie eine Existenz in räumlichen Nischen. Jede Unterbrechung ihrer Pflege führt zu Verlusten und Schäden, die zuweilen irreparabel sind.

Von der Szene zum Buch

In diesem ökumenischen Krippenbuch wurden die biblischen Texte entnommen aus der Bibel nach Martin Luther, revidiert 2017. Wir danken der Deutschen Bibelgesellschaft für die freundliche Abdruck-Genehmigung. Zitate aus biblischen Büchern in den Betrachtungen von Thomas Schwaiger stammen, so nicht anders angegeben, aus der Einheitsübersetzung der Heiligen Schrift von 2016, herausgegeben von der Katholischen Bibelanstalt Stuttgart.

Die Idee, Krippenszenen und meditative Betrachtungen in einem Buch miteinander zu verknüpfen, konnte Wirklichkeit werden dank großzügiger Druckkosten-Zuschüsse von der Katholischen Kirchenstiftung St. Ursula, vom Bezirksauschuss 4 (Schwabing-West) der Landeshauptstadt München, von der Evangelisch-Lutherischen Kirche in Bayern und vom Verband Bayerischer Krippenfreunde e.V. – dafür danken die Autoren von Herzen! Ebenso danken wir Dekan G.R. Pfarrer David W. Theil für seine wohlwollende Begleitung der Krippe in seiner katholischen Pfarrkirche St. Ursula, Pfarrerin Prof. Johanna Haberer für ihren evangelischen Blick auf Dietrich Bonhoeffer und dem Verleger Dr. Christoph Konrad für seine Begeisterung für dieses ökumenische Projekt. Vor allem aber danke ich Pfarrer Thomas Schwaiger, dass er die „Geburt" dieses Buches mit der beobachtenden Fürsorge und erfahrenen Aufmerksamkeit eines Seelsorgers – quasi im Amt einer Hebamme – begleitet und gefördert hat.

Annette Krauß
München, im Sommer 2020

Die Predigt als Krippenspiel

Ich predige gerne.
Bevor ich einen Fachkommentar zur Hand nehme (das tue ich später auch),
gehe ich unbefangen lesend an den vorgefundenen Bibeltext heran.
Meist entsteht in mir ein inneres Bild:
Ich frage:
Was sehe ich?
Was höre ich?
Wer ist auf der »Bühne«?
Wer oder was ist im Licht?
Wer oder was ist im Schatten?
Wie ist die Stimmung?
Was zieht mich an und was stößt mich ab?
Ich bewege mich in das Bild und im Bild,
nehme Haltung der „Akteure" ein,
versuche zu spüren, zu verstehen, Stellung zu beziehen in ganz verschiedenen Rollen.

Wenn ich „im Bild bin", weiß ich, in welcher Richtung ich mich als Prediger bewegen möchte. Im Bild sein: Das ist nicht dogmatisches Wissen; es ist Erfahrung, die dem Augenblick entspricht – flüchtig und dennoch gültig.

Hier bin ich Annette Krauß nahe, die die Jahreskrippe in St. Ursula in München immer wieder neu in Szene stellt. Was uns verbindet sind solche Seelenbilder: ganz persönliche Bilder der Innenschau in den Raum heiligen und heilenden Geschehens biblischer Botschaft.

In diesem Bilder- und Lesebuch verbinden sich spielerisch biblische Botschaft, Bilder der Jahreskrippe und Worte der Predigt. Es sind Momentaufnahmen – Seelenbilder – einer Krippen-Inszeniererin sowie eines Predigers und Wortspielers.

Beides ist Verkündigung.

Thomas Schwaiger

Annette Krauß

ist leidenschaftliche, ehrenamtliche, evangelische Krippenbauerin in der katholischen Pfarrkirche St. Ursula im Münchner Pfarrverband Altschwabing.
Sie beschäftigt sich bereits seit 14 Jahren mit dem Thema Krippen. Die kunstvollen Figuren von Sebastian Osterrieder im orientalischen Stil mit ihren subtilen Pigmentfarben, die ganz hervorragend aufeinander abgestimmt sind, schätzt sie besonders. Daneben kommen bewegliche und bekleidete Figuren der Jahreskrippe zum Einsatz, die besonders gut die Seelenzustände einzelner Protagonisten zu zeigen vermögen.
Annette Krauß war Kulturredakteurin beim „Donaukurier“ und im „Sonntagsblatt - evangelische Wochenzeitung für Bayern“. Sie hat Germanistik, Kunstgeschichte und Theaterwissenschaft studiert und ist seit 1995 freie Kulturjournalistin im Bereich Kunst - Kultur - Kirche.

Thomas Schwaiger

ist katholischer Priester und lebt in München-Schwabing. Seit 1990 leistet er bis heute nebenamtlich Seelsorgedienst in der Pfarrgemeinde St. Ursula im Münchner Pfarrverband Altschwabing.
Viele Jahre war er hauptamtlich in der Krankenseelsorge vor allem mit dem Blick auf Menschen mit HIV und Aids tätig, und er engagierte sich in der Hospizarbeit (Ausbildung Ehrenamtlicher). Die letzten zwölf Jahre hatte er den Auftrag zur geistlichen Begleitung von Priestern und pastoralen Berufen in der Erzdiözese München-Freising.
Aus diesen Erfahrungen heraus sind daher tiefe, einprägsame Predigten entstanden. Thomas Schwaiger bezieht sich darin auf die Krippenszenen und ihre biblische Bedeutung, indem er die Seelenbilder zum Leben erweckt und einen Bezug zum Heute herstellt.

Die Kirche St. Ursula am Kaiserplatz in München-Schwabing im Sommer 2020

In dieser Schriftrolle steht,
was an mir geschehen ist.

Psalm 40,8